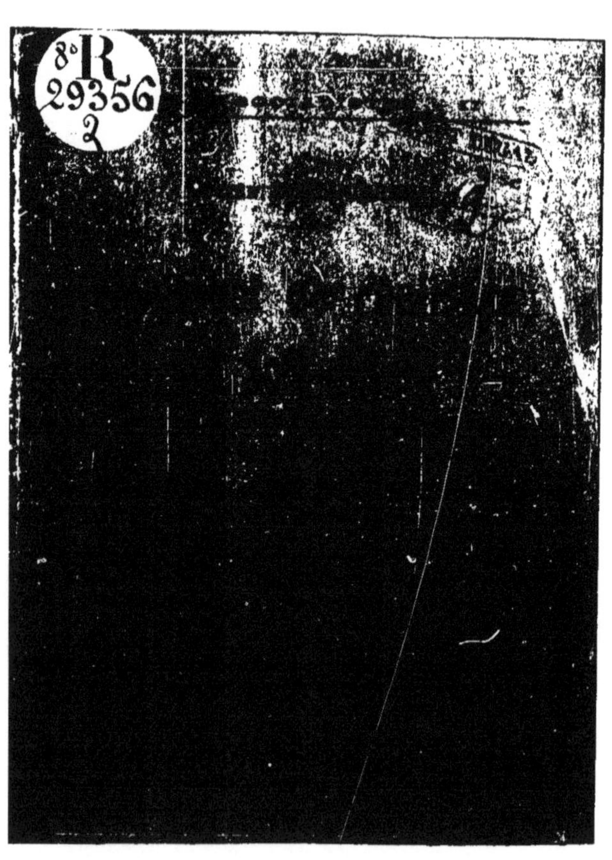

Comment se réalisera le Socialisme

Ouvrages du même auteur

L'application du système collectiviste .... 6 »

Projet de Code socialiste, 3 vol 10.50

Le Maroc socialiste .... 3 »

Pour abolir la souffrance humaine......... 3.60

La France Nord-Africaine. Etude critique de la colonisation anarchique pratiquée jusqu'à ce jour. Projet de colonisation organisée .... 15 »

Ouvrages épuisés : Entretiens socialistes; la Société future; la Vie chère; Organisons-nous; Qu'est-ce que le Socialisme?

PAGES SOCIALISTES. — II

LUCIEN DESLINIÈRES

Comment se réalisera le Socialisme

PARIS
Librairie du *Parti Socialiste* et de *l'Humanité*
142, Rue Montmartre, 142

1919

Comment se réalisera le Socialisme

I

Préambule

Chacun sent plus ou moins confusément qu'après la grande catastrophe dont le monde frémit encore, pour réparer ses désastres et pour en prévenir le retour, une société nouvelle est nécessaire. On s'attend à de profonds changements; l'opinion y est préparée et elle les acceptera sans résistance. Mais par malheur, bien rares sont ceux qui ont une conception claire de l'organisation à créer.

Le grand public ne s'en fait aucune idée. Tout en ressentant vivement les inconvénients de ce qui existe, il ne voit pas ce qu'on pourrait mettre à la place. Quant aux doctrinaires, aux économistes, aux politiciens de la bourgeoisie, l'insignifiance de leurs vues, la pauvreté de leur imagination dans une situation si tragique, sont la meilleure preuve que le régime actuel est réduit à une impuissance totale et n'a plus qu'à disparaître.

Seul, le parti socialiste apporte une formule précise: socialisation des moyens de production et d'échange; transformation de la société capitaliste en société collectiviste ou communiste. (Les deux termes sont synonymes). Mais ce n'est que depuis peu de temps qu'il se préoccupe des mesures à prendre pour faire passer ce principe dans la réalité. Il en est encore à la période des tâtonnements, et comme le problème est ardu, les recherches se prolongent. Pourtant l'urgence est extrême car les événements se précipitent. Le socialisme aurait cause gagnée s'il était en mesure de présenter des solutions pratiques bien étudiées et manifestement satisfaisantes qui s'imposeraient dans le désarroi des esprits. Par contre, il manquera son heure s'il se montre incapable de s'exprimer sous une forme concrète.

Avouons-le: le manque de connaissance des modalités d'application du socialisme produit chez beaucoup de nos militants un manque de foi. Ils ne se rendent compte ni de sa puissance souveraine, ni de l'immense simplification qu'il apporterait dans le fatras étouffant de nos institutions, ni de la facilité avec laquelle il résoudrait les difficultés où se débat sans en sortir le régime actuel. Et surtout, ils voient à son avènement des obstacles très exagérés; ils le croient subordonné à de multiples conditions qui ne sont pas réunies aujourd'hui et ne le seront sans doute jamais. Aussi ils l'appellent et en même temps le redoutent; ils y poussent et s'efforcent de l'ajourner. Cette attitude timide et contradictoire n'est pas faite pour entraîner les masses indécises. Il faut absolument préciser notre point de vue et l'affirmer plus énergiquement si nous voulons faire sortir le socialisme des circonstances exceptionnellement favorables que constitue le bouleversement du vieux monde.

C'est ce que va tenter de faire l'auteur de cette brochure, dans l'espoir que son effort individuel pourra provoquer un effort collectif du parti socialiste, d'une portée infiniment plus grande.

II

Les trois étapes de la réalisation socialiste

Nécessairement le passage du désordre actuel à l'ordre socialiste se fera en trois étapes successives:

1° La conquête du pouvoir politique;

2° La socialisation des moyens de production et d'échange;

3° L'organisation de la production, de la répartition et des services d'administration générale.

Etudions-les dans leur chronologie.

III

La conquête du Pouvoir

On a pu espérer longtemps qu'elle s'effectuerait par les voies pacifiques et légalitaires. Plus on est pénétré de la splendeur de notre idéal, plus on est enclin à croire qu'il suffirait d'une propagande méthodique et persévérante pour amener à nous, progressivement, la majorité des électeurs.

Il n'est plus permis aujourd'hui de conserver cet optimisme: l'ignorance des uns, l'égoïsme des autres opposent à l'expansion de notre doctrine une barrière qu'il faudra probablement abattre de vive force.

D'une part la masse paysanne, peu accessible aux idées générales, s'est enrichie pendant la guerre, et, ne se rendant pas compte du peu de solidité de cette fortune inattendue, s'imaginant que la période des gros profits pourra durer toujours, elle n'éprouve nul besoin de mettre fin à un régime où les cailles tombent toutes rôties.

D'autre part, les commerçants sont dans la même situation et les mêmes dispositions. A plus forte raison trouve-t-on cet état d'esprit conservateur chez les grands financiers et les grands industriels qui ont su s'assurer une part léonine des dépouilles du pays.

Tous les appétits, petits et gros, surexcités par la curée qui leur a été offerte, manifestent des exigences accrues, sans comprendre le caractère factice et fragile d'une prospérité édifiée sur la ruine nationale. A moins d'un revirement peu vraisemblable, on ne voit guère la possibilité de leur ouvrir les yeux par de simples raisonnements.

D'ailleurs, toutes les forces de réaction coalisées accumulent devant nous de formidables obstacles. C'est le militarisme qui pèse si lourdement sur le monde entier; c'est la puissance gouvernementale avec ses mille moyens d'influence et de pression; c'est la haute finance, la grande industrie qui dirigent le gouvernement lui-même; c'est aussi la nature passive et moutonnière de la majorité des électeurs, toujours effrayée des nouveautés trop hardies; c'est surtout la presse, qui devrait être la bonne éducatrice du peuple, mais qui, aux mains des capitalistes, est devenue la source empoisonnée du mensonge et de la corruption qu'elle déverse quotidiennement par ses millions d'exemplaires.

Que peuvent, contre de tels ennemis, nos faibles moyens et nos infimes ressources? La lutte est trop inégale, et bien que la force des choses travaille pour le socialisme, on ne voit pas à quelle époque et par quelles circonstances il pourra en sortir vainqueur, s'il ne compte que sur la persuasion pour triompher.

Il doit donc envisager virilement l'action révolutionnaire et se préparer dès à présent, non seulement à donner l'assaut à la vieille forteresse capitaliste, mais à exercer le pouvoir après l'avoir conquis.

Ce serait d'ailleurs tomber dans l'exagération que d'abandonner prématurément la lutte électorale, en renonçant aux chances que peuvent nous offrir les prochaines consultations du suffrage universel. Qui sait si de graves événements ne viendront pas les influencer en notre faveur? Et d'ailleurs, un simple accroissement du nombre de nos représentants, dans les mairies et à la Chambre, constituerait un avantage non négligeable.

La conquête révolutionnaire du pouvoir abolira tout naturellement la constitution actuelle et la remplacera par la dictature du prolétariat.

Contrairement à ce que croient quelques socialistes, la dictature du prolétariat n'est pas une invention récente du bolchevisme. Elle a toujours figuré dans les prévisions du Parti, et Karl Marx, dans sa *Lettre sur le Programme de Gotha*, l'annonçait en ces termes :

Entre la société capitaliste et la société communiste, se place la période de transformation révolutionnaire, le passage de l'une à l'autre. A cette période correspond aussi une période de transformation politique, dans laquelle l'Etat ne peut être que la dictature révolutionnaire du prolétariat.

Remarquons en passant que, pour désigner la société future, Marx employait indifféremment les mots *socialisme* et *communisme*, dont la signification est en effet identique; que de socialistes, cependant, ont peur du second !

Evidemment, si c'était le suffrage universel lui-même qui portait le socialisme au pouvoir, le régime démocratique pourrait être maintenu, à la condition toutefois d'arracher immédiatement aux puissances capitalistes déchues les moyens d'action dont elles pourraient se servir pour étouffer la révolution à son berceau. Mais si c'est la minorité ouvrière organisée qui impose sa volonté à la majorité amorphe, elle ne pourra exercer le pouvoir qu'en substituant au parlementarisme des organismes nouveaux sous la forme de conseils d'ouvriers locaux et régionaux avec un conseil central et une délégation exécutive de commissaires du peuple.

Il ne s'agit d'ailleurs pas de copier servilement la révolution russe : celle-ci a introduit dans les conseils les paysans et les soldats qui, en France et en Angleterre, n'auront pas à en faire partie. Les premiers, conservant comme on le verra plus loin, leur propriété individuelle, n'auront pas qualité pour diriger la transformation sociale; seuls les journaliers agricoles non possédants s'y associeront, et ils jouiront, bien entendu, des mêmes droits que les autres catégories ouvrières, avec lesquelles ils seront confondus. Quant aux soldats, ceux d'entre eux qui seraient encore mobilisés le jour de la Révolution seront immédiatement rendus à la vie civile.

La dictature du prolétariat se prolongera dans ces conditions jusqu'à ce que l'organisation socialiste soit parachevée et que les résistances de l'ex-classe privilégiée et des classes moyennes aient disparu. Pendant cette période, les libertés publiques seront suspendues. La presse sera placée sous l'autorité des conseils. L'armée et la police actuelle seront licenciées et remplacées par une armée révolutionnaire. Les tribunaux civils et répressifs seront remplacés par des tribunaux révolutionnaires.

Mais il ne saurait être question d'éterniser le régime dictatorial qui ne correspond, dit Marx, qu'à une phase transitoire de la transformation sociale, après laquelle, le plus tôt possible, on reviendra graduellement au régime démocratique, base du socialisme.

IV

La Socialisation

Contrairement à une opinion assez répandue, la socialisation des moyens de production et d'échange pourrait parfaitement donner lieu à une indemnité au profit des dépossédés, mais cette indemnité ne pourrait, de toute évidence, représenter le capital exproprié. Où prendrait-on une quantité de monnaie assez forte pour l'acquitter ? Tout au plus pourrait-elle être constituée par un revenu équivalent à celui que produisait ce capital, limité à une ou deux générations.

C'est une erreur de croire qu'une telle charge serait trop lourde pour le socialisme, car elle serait au plus égale à celle que supporte actuellement le travail producteur, et comme la production s'accroîtrait considérablement du fait de la transformation sociale, le poids s'en allégerait dans la proportion de cet accroissement.

Certes, rien n'est moins légitime que la propriété capitaliste, créée par l'exploitation du travail. Mais on ne saurait se laisser guider exclusivement par des considérations tirées du droit abstrait, et il est évident qu'on diminuerait les résistances que rencontrera la révolution, même dans certains éléments du prolétariat, si la reprise des moyens de production et d'échange ne présentait même pas l'apparence d'une spoliation.

Pourtant, la solution de cette question dépendra des circonstances. On ne pourrait refuser une large indemnité à une classe capitaliste qui, se résignant à l'inéluctable, ferait elle-même sa nuit du 4 août et abolirait ses privilèges. Tout au contraire, la révolution sera peu portée à la générosité si elle rencontre des résistances acharnées dont elle n'aura raison qu'au prix de sacrifices sanglants. On peut donc dire que les capitalistes tiennent leur sort dans leurs mains. Et comme, malheureusement, on ne peut attendre d'eux qu'un entêtement aveugle et une opposition violente, il est infiniment probable que l'indemnité se réduira pour eux au minimum qu'exige l'humanité : une pension alimentaire à ceux qui ne pourront participer au travail social.

Il serait tout à fait avantageux que la socialisation pût être opérée d'un seul coup et complètement. Maître de la totalité des moyens de production, de transport et d'échange, le pouvoir nouveau serait bien plus à son aise pour organiser le travail producteur et la répartition. Mais il faudra bien tenir compte des faits. Ce serait folie que d'aller heurter les préjugés enracinés de la classe paysanne en socialisant la petite propriété, d'ailleurs pure dans son origine, puisqu'elle est le fruit du travail de ceux qui la détiennent, ou de leurs auteurs. On doit le regretter, car il s'y fait une énorme dépense de force humaine pour de faibles rendements, et le maintien de ces petites exploitations diminuera beaucoup la production sociale. Mais ce sera là un inconvénient inévitable. On laissera donc leur lopin de terre aux paysans; on fera en sorte que la nouvelle organisation ne leur cause aucun préjudice ni aucun mécontentement. On attendra qu'ils constatent par eux-mêmes que les journaliers agricoles non propriétaires jouissent d'un bien-être supérieur au leur, et que loin d'être un avantage, leur petite propriété n'est qu'une charge. Alors ils l'apporteront librement à la communauté.

Même la classe paysanne mise à part, on ne pourra pas tout socialiser d'un coup de baguette. Autre chose est de décréter ; autre chose d'appliquer le décret.

On se trouvera en face d'une vaste et délicate besogne, d'autant plus délicate que l'immense transformation ne devra à aucun prix interrompre ni même troubler la marche des services de production et de transport qui assurent le ravitaillement.

Aussi les timides s'effraient devant une œuvre de cette envergure et leur programme ne va pas au delà de nationalisations partielles : chemins de fer, mines, Banque de France, assurances, industries monopolisées et de la municipalisation des services publics d'intérêt local : eau, gaz, électricité, transports en commun, etc. Sans doute, la tâche ainsi réduite est plus aisée. Mais elle ne remplacerait nullement le régime capitaliste par un régime communiste et n'améliorerait en rien la situation.

D'autres socialistes, un peu plus résolus, admettent la socialisation de toutes les entreprises qui ont déjà pris la forme capitaliste, en laissant subsister celles qui ont conservé leur caractère individuel. C'est méconnaître la malfaisance, au point de vue social, des petites et moyennes entreprises qui engendrent le parasitisme et l'anarchie économique, incompatibles avec une bonne organisation, et font une grande consommation de travail humain pour une production infime.

Ce n'est pas dans des socialisations partielles plus ou moins étendues, c'est dans la socialisation totale que réside le socialisme. Elle est indispensable pour lui donner toute sa puissance et lui permettre de produire tous ses effets dont le premier doit être l'augmentation de la production.

Il ne suffira donc pas de se tracer un programme limitatif et de dire : nous verrons ensuite. Il faudra décider par mesure générale la socialisation de toutes les entreprises privées, sauf les petites exploitations agricoles laissées à leurs propriétaires qui les cultivent eux-mêmes sans employer de main-d'œuvre étrangère à leur famille, puis passer à l'application aussi rapidement que possible.

On commencera naturellement par les grandes entreprises capitalistes : chemins de fer, compagnies de transports maritimes et terrestres, mines, grandes industries, grands magasins, qui continueront à fonctionner avec un minimum de changements sous la direction de délégués des Conseils.

Simultanément, on socialisera toutes les banques, à commencer par les banques d'Etat. Mais ces établissements ne continueront pas leurs opérations. Ils disparaîtront définitivement, le crédit n'ayant plus de raison d'être en régime socialiste.

Seront supprimées en même temps les compagnies d'assurances, remplacées par la solidarité sociale, ainsi que tous les organismes parasitaires devenus inutiles : agents de change, coulissiers, agents d'affaires de toute sorte, notaires, avoués, huissiers, courtiers, commissionnaires, représentants, publicité sous toutes ses formes, etc.

Enfin on socialisera graduellement le petit et moyen commerce, la petite et moyenne industrie, les petites et moyennes entreprises de transport, en concentrant dans de grands magasins toutes les marchandises, dans de grandes usines toute la production, dans les établissements nationaux du service des transports tout le matériel des entreprises supprimées, le tout au fur et à mesure des possibilités. La construction de bâtiments pour les nouveaux services, ou l'aménagement de bâtiments déjà existants, sera une des principales causes des retards qu'on ne pourra empêcher. Néanmoins, avec de l'énergie et de la méthode, quelques mois, une année au plus devront suffire.

Le personnel occupé dans les entreprises supprimées sera mis à la disposition des services de production et de répartition qui en auront toujours l'emploi.

Parallèlement, on poursuivra la socialisation de la propriété foncière non paysanne, chaque chef d'exploitation étant tenu de continuer à exercer ses fonctions jusqu'à ce qu'il soit appelé à d'autres dans l'organisation nouvelle.

Les maisons d'habitation seront gérées par les conseils locaux, conformément aux règles générales fixées par le conseil central, en attendant l'organisation définitive de ce service.

V

Organisation de la production

La socialisation aura pour conséquence la suppression de toutes les entreprises privées, petites et grandes, et leur remplacement par une entreprise nationale, embrassant toutes les branches de la production et de la répartition.

Par la suite, les entreprises nationales seront fédérées internationalement. Cette partie de l'œuvre socialiste sera étudiée en temps utile.

En conséquence, les petits et moyens établissements industriels seront remplacés par des usines géantes et spécialisées, où le travail s'exécutera à l'aide de l'outillage le plus perfectionné et selon les procédés de la technique la plus moderne. C'est dire que, pour un effort humain égal, la production industrielle s'accroîtra dans des proportions incalculables.

Il en sera de même, et pour les mêmes raisons, de la production agricole. Une culture intensive, scientifiquement dirigée, fera rendre à la terre le maximum de ce qu'elle peut donner à l'homme. On utilisera toutes les surfaces laissées improductives par l'incurie privée; on réalisera toutes les améliorations foncières susceptibles d'élever le rendement.

Toutes les forces naturelles, hydrauliques, aériennes et autres seront captées et mises en œuvre.

Une prospection méthodique permettra de faire l'inventaire de toutes les richesses du sous-sol pour les extraire au fur et à mesure des besoins.

La multiplication des moyens de transport les plus économiques permettra d'amener facilement les matières premières aux usines de transformation et les produits finis aux centres de consommation.

Et ces prodigieuses améliorations donneront des résultats d'autant plus considérables qu'elles seront appliquées, non seulement au territoire métropolitain, où la mise en valeur étant plus avancée, la marge du progrès est plus étroite, mais encore aux colonies où presque tout est encore à faire.

Ici il faut ouvrir une parenthèse :

Le Parti socialiste s'est toujours montré hostile à la colonisation qui, en régime capitaliste, n'est que l'oppression et l'exploitation sans mesure des peuples faibles par les peuples forts. Mais il n'a jamais envisagé ce qu'elle pourrait devenir en régime socialiste, et à cet égard la question n'a pas été tranchée.

Il est vrai que celui des quatorze points du président Wilson qui proclame le droit des peuples à disposer d'eux-mêmes a été considéré par quelques-uns comme la condamnation de toute colonisation. Mais ce principe général est-il applicable aux peuplades manifestement incapables de se gouverner ? N'est-ce pas plutôt un devoir de solidarité humaine, pour les nations les plus avancées en civilisation, de tendre une main secourable aux frères attardés pour les arracher à leur barbarie ? Et peut-on établir une comparaison entre la colonisation capitaliste, avec ses méthodes de violence et de spoliation, et le protectorat (dans le vrai sens du mot) socialiste qui n'apporterait aux indigènes que le bien-être, la liberté et la paix ?

La prétendue indépendance des indigènes les livre sans défense aux pires abus de la force, et ils ont tout à gagner à la tutelle socialiste qui les traiterait avec bonté, les assisterait, les éduquerait et les élèverait peu à peu au niveau d'hommes dignes de ce nom.

Le rôle d'une nation colonisatrice socialiste ne serait plus en effet de dépouiller et d'exploiter le peuple asservi, mais de l'aider à tirer parti des richesses naturelles de son pays, et de partager avec lui les produits de cette mise en valeur. Et ce rôle, une nation socialiste ne peut pas le méconnaître, car son essence, ses institutions le lui imposent.

On objectera que ce droit d'intervention, qui est en même temps un devoir d'humanité, n'est admissible qu'à l'égard d'indigènes notoirement inférieurs, comme ceux de l'Afrique équatoriale, et ne saurait être revendiqué lorsqu'il s'agit de peuples vivant en état de civilisation, quoique cette civilisation diffère de la nôtre, comme les Egyptiens, les Hindous, les Chinois. C'est parfaitement vrai ; mais la distinction entre les cas d'espèce qui se présentent n'est pas dans le cadre de ce petit ouvrage.

A un autre point de vue on peut, au nom de l'intérêt général de l'humanité, contester à des peuples civilisés, mais peu nombreux, qui occupent de vastes territoires, comme le Brésil et l'Argentine, le droit de disposer de terres qu'ils sont incapables de mettre en valeur et dont ils privent les autres peuples. Ce sont là des problèmes que résoudra pacifiquement et équitablement l'Internationale des peuples socialistes.

Si l'on considère plus particulièrement le continent africain dont la population est, dans l'ensemble, la plus arriérée, il est évident que l'utilisation intégrale de ses terres, de ses forêts, de ses mines, de ses forces naturelles, permettrait de subvenir aux besoins du monde entier, et que de pareilles ressources ne peuvent rester improductives entre les mains de quelques millions de sauvages.

Mais les bras ne feront-ils pas défaut pour réaliser cet immense programme ?

Nullement, car d'une part il n'est pas question de l'exécuter complètement en quelques années ; il y faudra probablement un demi-siècle.

D'autre part, en supprimant les intermédiaires et tous les parasites sociaux, l'organisation socialiste rendra à la production des effectifs qui, pour la

France, ont été évalués à quarante pour cent de la population active. Et en appliquant à un matériel perfectionné, à une technique rigoureusement scientifique, tous les efforts stérilisés aujourd'hui par les mauvaises conditions du travail dans les petites et moyennes entreprises, elle fera des économies de main-d'œuvre plus importantes encore. L'utilisation de toutes les forces naturelles, dont une faible partie est captée actuellement, contribuera aussi dans une large mesure à augmenter les disponibilités de force humaine.

L'organisation capitaliste aura beau s'intensifier, elle n'atteindra jamais une pareille puissance, puisqu'elle laissera toujours subsister une forte proportion de petites et moyennes entreprises à bas rendement, qu'elle ne pourra se passer d'intermédiaires et de parasites, et surtout parce que sa nature anarchique est impropre à s'adapter à une œuvre d'ensemble qui nécessite la coordination des efforts, de même que son but fondamental, la recherche du profit, la détourne de certaines entreprises d'intérêt général certain, mais n'offrant aux capitaux qu'une rémunération éloignée, aléatoire ou insuffisante.

C'est pourquoi la supériorité du socialisme est éclatante ; il arrivera dans un espace de temps très restreint à créer la surabondance de tous les produits nécessaires à l'homme ; on devra alors limiter la production, ce qui permettra d'affecter le surplus de la main-d'œuvre à des travaux d'embellissement et de réduire la durée du travail.

Chaque nouveau progrès de la science, immédiatement appliqué par mesure générale, profitera à l'ensemble des travailleurs, dont il viendra augmenter le bien-être ou les loisirs, au lieu de servir comme aujourd'hui à enrichir quelques privilégiés en accroissant, par l'extension du chômage, la misère de la classe exploitée.

Organisation du travail. — Le fait que le régime transitoire sera la dictature du prolétariat et que les assemblées délibérantes seront des Conseils d'ouvriers n'implique nullement que les ouvriers eux-mêmes prendront la direction et l'administration de tous les services, fonctions auxquelles la plupart d'entre eux ne seront pas préparés.

Le suffrage universel étant momentanément restreint à la classe ouvrière, les Conseils remplaceront les corps élus d'aujourd'hui; ils exerceront comme eux la souveraineté populaire; mais ils laisseront en place tous les techniciens capables, ingénieurs et chefs d'industrie.

N'oublions pas d'ailleurs que la socialisation de la richesse aura pour effet immédiat de faire disparaître les classes. Il n'y aura plus d'exploiteurs ni d'exploités, mais des producteurs unis. Les ex-bourgeois de bonne volonté participeront donc avec les ex-prolétaires à l'effort commun. On confiera les emplois supérieurs aux plus compétents, sans distinction d'origine.

On ne peut entrer ici dans des prévisions de détail sur les conditions du travail en régime socialiste. Il faut se borner à quelques indications générales et à quelques exemples qui suffiront à donner une idée de l'ensemble.

Le socialisme remplacera vraiment le gouvernement des hommes par l'administration des choses. Les questions politiques n'existeront plus; il n'y aura à résoudre que des questions économiques.

Le rôle principal du Conseil central ou de l'assemblée qui lui succédera quand la dictature du prolétariat aura pris fin, sera de dresser, au lieu du budget de finances actuel, le budget annuel de la production qui fixera la quantité des objets à produire d'après les besoins prévus de la consommation, en déterminera le prix, réglera les travaux d'intérêt général à exécuter et répartira la main-d'œuvre entre les divers services.

Chaque commissaire du peuple, ou ministre, placé à la tête d'un service producteur, assurera ensuite l'exécution des décisions prises pour son département.

Ainsi le ministre de l'Agriculture ne se bornera plus, comme aujourd'hui, à donner aux cultivateurs des conseils et des encouragements. Il dirigera effectivement les travaux de culture, assisté d'un conseil supérieur composé des techniciens les plus compétents, et aura sous ses ordres des directeurs chargés des diverses branches agricoles.

Le ministre de l'Industrie aura également un conseil supérieur et des directions correspondant aux diverses spécialités industrielles: métallurgie, textile, produits chimiques, etc.

On conçoit facilement, par analogie, comment fonctionneront les autres services.

Rôle des syndicats et des coopératives. — Les syndicats sont des organes de lutte de la classe ouvrière contre le patronat. Ils n'auront plus de raison d'être quand le patronat sera aboli. Les ouvriers exerçant eux-mêmes le pouvoir politique et économique, n'auront pas de revendications à formuler puisqu'ils seront toujours maîtres de les réaliser dans la mesure où ils le jugeront possible.

L'arme de la grève ne pourra être employée par eux contre leur propre gouvernement. Lorsqu'une décision sera prise par l'ensemble des ouvriers, elle sera toujours dans l'intérêt général et on ne pourra admettre qu'une fraction corporative, se croyant lésée, fasse opposition à son application. C'est dans le sein des Conseils et avant la décision que les objections devront se produire. Si la majorité passe outre, la minorité devra s'incliner; sans quoi ce serait une intolérable anarchie.

Le syndicalisme tient actuellement une trop grande place dans la vie économique pour que certains de ses adhérents se résignent facilement à le voir disparaître. Ils ont été trop mêlés à son action pour ne pas être enclins à croire qu'il restera un instrument indispensable. Aussi envisagent-ils volontiers une organisation de la production dans laquelle les travailleurs de chaque catégorie professionnelle seraient chargés de la production afférente à cette catégorie. Mais ce système est inadmissible pour bien des raisons dont voici les principales :

D'abord, chaque syndicat professionnel, exécutant à des conditions débattues une partie de la production pour le compte de la collectivité, deviendrait une entreprise privée en opposition, tout comme les entreprises capitalistes, avec les autres syndicats et avec l'intérêt général. Ce serait la négation du socialisme et le retour, sous une autre forme, à l'organisation abolie. Dans la discussion du prix forfaitaire conventionnel, les syndicats s'efforceraient naturellement d'obtenir pour leurs adhérents un maximum d'avantages au détriment de la masse. L'impossibilité même de prévoir exactement les prix de revient les porterait, de peur d'abaisser la journée normale, à les fixer assez haut pour qu'elle soit dépassée. Ainsi se reconstituerait le régime du profit, base du capitalisme.

Puis il y a une difficulté matérielle insurmontable : tout établissement moderne de production industrielle occupe un personnel appartenant à diverses catégories professionnelles et par conséquent à divers syndicats. Les mécaniciens, notamment, participent à presque toutes les branches de l'industrie et des transports. Dès lors, avec quel syndicat traiter ?

Enfin les partisans de la survivance des syndicats perdent trop de vue la transformation qui résultera de la concentration de tous les moyens de production dans les mains de la nation et de l'organisation du travail qui en sera la conséquence.

Les progrès du machinisme, décomposant toute fabrication en un grand nombre d'opérations simples, exécutées automatiquement par un outillage spécialisé, réduiront de plus en plus le rôle de l'homme à être simplement le pourvoyeur de la machine-outil.

A un travail aussi élémentaire, quelques jours d'apprentissage suffiront. L'agriculture et l'industrie de l'avenir verront donc diminuer de plus en plus le nombre des véritables professionnels : il n'y aura guère que des manœuvres aptes à toutes sortes de travaux.

Cette évolution est déjà très sensible aujourd'hui. Mais sa marche est retardée par l'existence des petites et moyennes entreprises qui emploient des outils à main, dont l'usage n'est possible qu'à des professionnels. D'autre part, ces entreprises n'exécutent ordinairement qu'une catégorie de travaux. S'ils viennent à manquer elles ne peuvent affecter leur personnel à des travaux de nature différente. Il y a chômage.

Au contraire l'organisation socialiste — et ce sera une des grandes supériorités — supprimera le chômage en reversant la main-d'œuvre sans emploi momentané sur d'autres travaux. Ainsi les barrières qui séparent les professions tomberont de plus en plus. Sauf quelques spécialistes qui resteront indispensables, la masse ouvrière sera affectée à tous les travaux qui se présenteront, ou plus exactement chacun pourra être employé à divers travaux similaires; ainsi un cultivateur pourra être terrassier, bûcheron, aide-maçon, carrier, mineur, manœuvre d'usine, de chantier ou de magasin, etc.; un horloger pourra être électricien; il est évident qu'un employé de bureau, surtout s'il est peu vigoureux, ne pourra manier la pioche et le pic.

Observons en passant que cette variété dans le travail sera d'un grand charme, rien n'étant plus monotone qu'une besogne toujours la même et toujours au même endroit, d'un bout de l'année à l'autre. Charles Fourier y voyait le principal élément du « travail attractif. »

Les syndicats professionnels disparaîtront donc par la force des choses, après avoir accompli leur tâche historique, comme tous les organes nés de l'évolution et éliminés par elle.

Il en sera de même des coopératives. Le socialisme ne sera autre que la coopération généralisée; mais on conçoit mal qu'il puisse se concilier avec l'existence de sociétés coopératives particulières.

Les coopératives de production ont pour but de soustraire l'ouvrier à l'exploitation patronale. Or ce but sera atteint en régime socialiste, puisqu'il n'y aura plus de patrons exploiteurs.

Les coopératives de consommation ont pour but de soustraire le consommateur à l'exploitation des commerçants. Or, le socialisme l'en affranchira pleinement en supprimant les commerçants et en livrant les produits au prix de revient social. Là encore le but sera atteint.

Le maintien d'associations privées au sein de l'association nationale que sera le socialisme, n'est justifié par aucune raison d'utilité, et il aurait les inconvénients les plus graves. Qu'on le voulût ou non, il ferait revivre dans leurs caractéristiques: opposition des intérêts, concurrence, recherche du profit, les institutions abolies qui, aujourd'hui, sont la cause de tous les maux de l'humanité. Il serait, au sein du socialisme, une altération et une cause de dégénérescence qu'il faut éviter.

Socialisme communal et régional. — Il n'y a guère à s'arrêter à la conception étriquée et moyenâgeuse du socialisme qui lui donnerait pour base la commune autonome ou la région autonome. A l'époque où les relations internationales embrassent et dominent toutes les branches de l'activité économique, c'est un singulier anachronisme ! Que la commune, la région, soient chargées des services locaux, sous le contrôle de la nation, c'est admissible et même nécessaire pour une bonne administration. Mais comment pourraient-elles diriger la grande production et les transports?

Puis, quel avantage peut-on trouver à émietter un pays en millions de petits états souverains qui ne tarderaient pas à entrer en conflit avec leurs voisins?

On est trop facilement dupe des formules: l'autonomie locale peut être une protection contre un despotisme centralisateur; elle ne rime plus à rien en régime socialiste.

C'est la base la plus large qu'il faut donner au socialisme: la nation d'abord, la fédération internationale ensuite.

VI

Organisation de la répartition

Toute la production n'est pas destinée à la consommation proprement dite: une partie doit pourvoir aux besoins des autres services. Ainsi la métallurgie reçoit des charbons et des minerais du service des mines et livre ses produits aux services des transports, des bâtiments, de l'agriculture, etc.

Il faut distinguer entre les deux destinations, car les conditions de la répartition seront toutes différentes.

Lorsqu'un service livre des produits bruts ou ouvrés à un autre service, l'opération ne donne lieu à aucun versement de fonds, mais simplement à une facture de débit au prix de revient.

Lorsque les produits sont livrés au public, ils sont, au contraire, payés comptant au moyen de la monnaie dont on va parler. Ici la question est plus complexe, car il s'agit de préciser, d'une part la nature et les conditions d'émission de cette monnaie, d'autre part la quantité qui sera remise à chaque consommateur.

A supposer qu'on disposât d'assez d'or et d'argent pour les besoins de la circulation, il serait tout à fait inutile de s'en servir: une monnaie fiduciaire quelconque, simple signe de la valeur, ferait tout aussi bien l'affaire. Ce qu'il faudra, c'est que toute monnaie puisse être échangée par son porteur, sans aucune incertitude, contre des objets de consommation: aliments, vêtements, ustensiles de ménage, ameublement, objets divers à usage privé.

Et pour que cet échange soit solidement garanti,

il faudra que la totalité des produits entrés dans les magasins nationaux au cours d'un laps de temps donné, un an, un mois, estimés au prix de vente, représente exactement le montant de la monnaie mise en circulation pendant la même période.

Comment assurer mathématiquement cette équivalence ? C'est très simple.

Il est admis tout d'abord que la production sera réglée sur la consommation. On établira toujours des prévisions un peu larges, un léger excédent ayant moins d'inconvénients qu'un déficit. La production, d'ailleurs, atteindra toujours facilement le niveau des besoins, grâce aux moyens scientifiques dont elle disposera et à la possibilité de régler la durée du travail.

La trésorerie nationale émettra une quantité de papier-monnaie suffisante pour faire face aux dépenses mensuelles qui comprendront:

1° Les salaires et traitements de tous les ouvriers, employés, fonctionnaires, aussi bien des services producteurs que des services auxiliaires, ces derniers comprenant : administrations diverses, enseignement, hygiène publique, travaux publics, transports, assistance sociale, etc..., sans exception;

2° Les secours sociaux aux enfants, veuves, vieillards, malades, infirmes;

3° Les pensions alimentaires ou indemnités aux ex-possédants, jusqu'à leur extinction;

4° Dans la période où subsistera la petite propriété paysanne, les prix des produits agricoles achetés par la nation aux propriétaires individuels.

Divisons la masse de ces diverses dépenses en deux catégories.

Mettons d'une part: *a*, les salaires et traitements des services producteurs proprement dits, c'est-à-dire ceux qui produisent pour la consommation privée; *b*, les achats de produits aux paysans. Totalisons et supposons, pour fixer les idées, un total de 3 milliards par mois.

Mettons d'autre part: *a*, les salaires et traitements des autres services, aussi bien de ceux qui produisent, mais non pour la consommation individuelle, que des services auxiliaires; en somme tout ce qui n'est pas compris sous la lettre *a*, du paragraphe précédent; *b*, les secours sociaux; *c*, les pensions aux ex-possédants. Supposons au total 2 milliards.

Le chiffre de 3 milliards représentera le prix de revient industriel de la totalité des produits destinés à la consommation. Mais la nation aura dépensé de plus 2 milliards pour des services divers, non moins indispensables à son existence que les services de la production consommable. Ce ne sera donc pas à 3 milliards, mais à 3 + 2, c'est-à-dire à 5 milliards, qu'il faudra fixer le prix de vente de ces produits, pour assurer l'équivalence des produits à la monnaie émise, et permettre aux salariés des services non producteurs de pouvoir retirer comme les autres, leur part légitime.

Ainsi il sortira chaque mois des caisses nationales pour 5 milliards de monnaie et il entrera chaque mois dans les magasins nationaux pour 5 milliards de produits à consommer, assortis d'après les besoins usuels. Les porteurs de monnaie seront donc toujours assurés de trouver des marchandises contre leur argent. C'est dire que la monnaie-papier socialiste aura une solidité que n'auront jamais celle des Banques d'Etat actuelles les mieux réputées.

Pour simplifier le raisonnement, on ne distingue pas, dans ce calcul, entre la production destinée à la consommation et le supplément qui sera affecté à l'exportation; mais peu importe puisque ce dernier sera compensé par des importations équivalentes, comme on le verra plus loin. Et si les prix de vente de la totalité des produits exportés n'atteignaient pas exactement le prix d'achat des produits importés, on augmenterait ou diminuerait artificiellement ce dernier de la différence, pour égaliser les chiffres. L'année suivante on forcerait ou restreindrait la production pour arriver naturellement à l'égalité. Pratiquement, quelques écarts n'auraient que des inconvénients négligeables.

Reste maintenant à fixer le prix de chaque objet en particulier, ou de chaque unité de poids ou de mesure, de façon à ce que la vente de la totalité produise bien 5 milliards.

Il suffit pour cela de majorer le prix de chaque objet ou de chaque unité de deux tiers de ce prix (cette fraction représente le rapport de 2 millards à 3 milliards). Prenons deux exemples :

Voici un meuble qui revient à l'usine, (matière première, main d'œuvre et frais généraux réunis) à 120 francs. Ajoutons à ce chiffre les 2/3 de 120, soit 80. Total, 200. Ce sera le prix de vente du meuble.

Voici un quintal de blé acheté au paysan..	40 fr.
La mouture revient à la minoterie (négligeons les sous-produits pour simplifier), à..	6 fr.
La fabrication du pain à................	8 fr.
Total............	54 fr.
Ajoutons les 2/3 de 54, soit..............	36 fr.
Le pain provenant de ce blé sera donc vendu	90 fr.

Ici se place une importante observation: alors qu'en régime capitaliste chaque marchandise créée donne lieu à une circulation monétaire représentant plusieurs fois sa valeur, puisqu'elle passe de main en main, d'abord sous la forme de matières brutes, puis sous celle de produit ouvré, avant d'arriver au consommateur, en régime socialiste, elle ne donne lieu qu'à une circulation monétaire égale à sa valeur, ainsi qu'il résulte du mécanisme décrit ci-dessus. Les 5 milliards décaissés à la fin d'un mois rentrent dans le courant du mois suivant. Cette minime quantité de monnaie suffit donc à tous les besoins, et là encore éclate la haute supériorité de l'ordre socialiste sur l'anarchie actuelle, où l'inflation de la circulation engendre les crises les plus graves.

On ne saurait trop insister sur la simplicité et la puissance du système financier socialiste. Il est au-dessus de toute critique. Les objections tirées de cas particuliers, qu'il serait trop long de relever dans cet exposé sommaire, ne tiennent pas debout. La comparaison du socialisme scientifique au misérable empirisme capitaliste est écrasante pour ce dernier.

Voyons enfin suivant quelles règles se fera la répartition de la monnaie émise chaque mois.

Il faut d'abord distinguer entre les différentes catégories des ayants droit.

Les ex-possédants toucheront soit un revenu, soit une pension alimentaire, selon ce que décideront les Conseils qui, comme on l'a dit plus haut, tiendront compte de l'attitude des capitalistes devant la révolution.

Les produits agricoles seront payés aux paysans non socialisés à des prix calculés en vue de leur assurer des conditions d'existence à peu près semblables à celles dont ils jouissent actuellement, ou plutôt dont ils jouissaient en temps normal, et même un peu meilleures, mais pas trop, car il serait aussi impolitique d'exciter leur mécontentement que d'attacher des avantages exagérés à la petite propriété, si nuisible à l'intérêt général.

Les enfants, veuves, vieillards, infirmes, malades, blessés, seront à la charge de la nation. Leur existence sera assurée aussi largement que celle des travailleurs, en tenant compte des besoins moindres des plus jeunes. Ce sera facile grâce à la surabondance de la production.

Il restera à rémunérer les travailleurs en activité de toutes catégories.

En dépit de certaines thèses outrancières, qui trouvent peu de crédit auprès des socialistes sérieux, l'égalité absolue des salaires est à écarter nettement. Elle constituerait d'ailleurs une souveraine injustice, découragerait les meilleurs producteurs, anéantirait l'émulation et abaisserait la production au-dessous des besoins.

Il faut partir de ce principe que les plus médiocres ouvriers doivent recevoir un salaire minimum qui, par son rapport au coût de la vie, leur garantisse un peu plus que le nécessaire.

Au-dessus de ce minimum il conviendra de rétribuer chacun au prorata des services qu'il rendra à la collectivité. N'en déplaise aux détracteurs systématiques du socialisme, il sera toujours plus facile d'évaluer avec justice les services de chacun que sous le régime actuel, où l'intérêt de l'employeur est de réduire le plus possible la part de l'employé. Les règles à établir pour y arriver ont été indiquées par d'autres ouvrages de l'auteur de cette brochure (1). La place fait défaut pour les reproduire ici.

La vente des produits se fera dans des magasins nationaux où chaque chef de rayon, chaque employé sera responsable des marchandises qui lui auront été confiées. Et la vérification sera facile. Chaque apport de marchandise donnant lieu à une facture de débit au prix de vente, le réceptionnaire devra verser à la caisse du magasin, après la vente de chaque jour, le montant de ce qu'il aura reçu, déduction faite des marchandises invendues ou devenues invendables. Donc pas de coulage possible.

Aucun artifice de réclame ne sera naturellement employé dans les magasins nationaux pour attirer la clientèle dans les uns plutôt que dans les autres. Les vendeurs ne pousseront pas les acheteurs à prendre plus de marchandises qu'ils n'en ont besoin; mais les marchandises, marquées en chiffres connus, seront toujours cédées à leur valeur réelle. Les magasins

(1) *L'application du système collectiviste. — Projet de Code socialiste.* 3 volumes. Librairie du Parti socialiste et de "l'Humanité".

nationaux seront donc de véritables maisons de confiance. Ils seront d'ailleurs pourvus de toutes les commodités réalisées par les grands magasins capitalistes, y compris la livraison à domicile. Remarquons que ce service sera facilité par la concentration des livraisons qui permettra à chaque voiture de ne desservir qu'un rayon restreint au lieu d'avoir à disperser son contenu aux quatre coins des grandes villes.

VII

Institutions et Services divers

Commerce extérieur. — Aucune nation, vraisemblablement, ne pourra suffire complètement par ses propres ressources aux besoins de sa consommation et de son industrie. Toutes devront se procurer à l'étranger une partie des produits ouvrés et des matières brutes qui leur seront nécessaires. C'est le service du commerce extérieur qui en sera chargé.

Le principe à poser, et déjà indiqué au chapitre précédent, c'est que les importations indispensables à un pays devront être compensées par des exportations équivalentes, afin qu'aucune nation ne puisse se ruiner ni s'enrichir aux dépens des autres. Ce sera toujours possible aux états socialistes qui, portant leur production au maximum, disposeront toujours d'un excédent exportable, et d'autant plus facile que les produits exportés pourront être cédés au-dessous même du prix de revient, sans autre inconvénient que d'avoir à en exporter une quantité plus forte, c'est-à-dire d'exiger des producteurs plus de travail.

Les échanges de produits se règleront facilement entre nations socialistes, aucune ne cherchant à réaliser de bénéfices sur l'autre, et les prix de base des échanges étant fixés par conventions internationales.

Dans les nations non socialistes, on devra, naturellement, traiter avec les producteurs privés, à prix débattus. A cet effet le ministère aura des agents sur toutes les principales places du monde, en même temps qu'une section centrale où les offres seront reçues, les deux organisations se complétant et se contrôlant l'une l'autre. Pour les achats on pourra employer l'or monnayé, dont le stock aura été recueilli par la trésorerie, et dans ce cas, on exigera aussi pour les ventes le paiement en or. Mais pratiquement on réglera presque toujours les vendeurs avec le papier-monnaie ou les effets de commerce remis par les acheteurs, de sorte qu'une réserve d'or sera à peine nécessaire.

Dans ces conditions, on voit que la question des changes, qui actuellement pèse si lourdement sur notre commerce extérieur, ne se posera plus..

Les produits consommables importés seront vendus au prix d'achat, auxquels on pourra facultativement ajouter un quantum de frais généraux sociaux suivant le calcul établi au chapitre précédent. Mais le cas se présentera rarement, les importations devant consister surtout en matières brutes.

Elimination de la loi de l'offre et de la demande. — Ce prétendu principe régulateur de la société capitaliste ne saurait trouver place dans le régime socialiste, où la nation seule produit et achète en gros, où seule elle vend aux consommateurs à des prix qu'elle-même a fixés, et où par conséquent nulle offre ne peut se trouver en discussion avec une demande.

Même dans son fonctionnement normal, cette loi est souverainement injuste, car en cas de rareté d'un produit, elle en amène le renchérissement, ce qui permet aux riches seuls de s'en procurer au détriment des pauvres, alors que l'équité exigerait qu'on le rationnât pour en assurer à chacun sa part.

Mais cette injustice s'aggrave encore lorsque le jeu de l'offre et de la demande est faussé par la spéculation, ce qui a cessé d'être l'exception pour devenir la règle depuis la guerre; c'est alors qu'apparaissent les monstrueux abus si souvent dénoncés, si rarement réprimés, et qui dureront autant que le commerce libre.

En régime socialiste, la production étant réglée sur la consommation, la rareté ne se produira jamais. En ce qui concerne les récoltes, dont le rendement est toujours indéterminé, on puisera, les années déficitaires, à des magasins de réserve remplis les années d'abondance.

Elimination du système des bénéfices. — Le système de la vente à bénéfices, combiné avec la loi de l'offre et de la demande qui couvre d'un prétexte avouable ses pires spoliations, est la base du régime capitaliste. C'est lui qui permet à une partie des citoyens de vivre et de s'enrichir aux dépens de l'autre partie; mais il est évident que ce qu'il fait entrer dans la poche des uns est enlevé à celle des autres et que l'ensemble de la nation n'y gagne rien. Ce système parasitaire n'a aucune raison d'être maintenu en régime socialiste. Que ferait la nation des profits réalisés sur ses membres sous forme de papier-monnaie qui s'accumulerait stérilement dans ses caisses? D'ailleurs comme la rémunération de chacun serait basée sur ses besoins, qui devraient être intégralement satisfaits, ou sur ses services, qui devraient être intégralement récompensés, si on prélevait, par exemple 25 pour 100 de bénéfices sur les ventes, il faudrait augmenter de 25 pour 100 les salaires, traitements, pensions et prix d'achat des produits agricoles. On en reviendrait au même résultat.

Elimination du système de crédit. — Une autre institution fondamentale qui disparaît, c'est le crédit. Le crédit privé devient inutile puisqu'il n'y a plus d'entreprises privées. Et quant au crédit public, il n'a également aucun objet. A quoi serviraient des émissions d'emprunts? En régime socialiste, l'exécution d'un grand programme d'utilité publique ne nécessite pas de capitaux. La nation dispose des matières premières que lui livre le sol et le sous-sol, et de toute la main-d'œuvre pour les transformer et les employer. Chaque année elle rémunère l'ensemble des producteurs. Son budget normal n'a donc pas à s'élever pour exécuter tels ou tels travaux. Elle n'a qu'à y affecter la fraction de main-d'œuvre qu'ils comportent. Toute la question est d'avoir assez de main-d'œuvre pour que cette affectation ne restreigne pas la production ordinaire indispensable. Mais une telle difficulté n'est pas à prévoir puisque, grâce à la généralisation des procédés scientifiques dans toutes les branches de l'activité humaine, le travail sera tellement réduit qu'il y aura toujours surabondance de main-d'œuvre.

On en viendra vite à abaisser au-dessous de huit heures la journée de travail, et elle diminuera graduellement au fur et à mesure du perfectionnement de l'outillage. Si donc on se trouve en présence d'une masse considérable de travaux extraordinaires urgents, il suffira d'ajourner la réduction des heures de travail, ou à l'extrême rigueur de les augmenter un peu, momentanément. On aura ainsi toute l'élasticité désirable. Rien ne viendra jamais entraver la grande œuvre d'amélioration des conditions de la vie, et là encore il n'y a pas de comparaison possible entre la force souveraine du socialisme et la honteuse impuissance du régime capitaliste toujours à l'étroit dans ses budgets péniblement équilibrés, quoique si lourds, et obligé de laisser en souffrance, faute de crédits, les réformes les plus indispensables.

Suppression des impôts. — Il ne saurait y avoir d'impôts en régime socialiste, où toutes les valeurs immobilières et industrielles sont la propriété de la nation. Si, par hypothèse, on croyait devoir établir une contribution sur les particuliers, il serait plus simple d'augmenter dans la proportion nécessaire le prix des objets de consommation, ce qui aurait l'avantage d'économiser les frais de perception. Mais en vertu du raisonnement fait plus haut à propos du système des bénéfices, il faudrait augmenter d'autant les salaires et rémunérations diverses, ce qui annulerait l'opération.

D'ailleurs, pour peu qu'on se donne la peine d'y réfléchir, il est clair qu'une nation qui dispose de toutes les ressources de son territoire et de sa population, produit tout elle-même et règle l'émission et la circulation de la monnaie, n'a pas besoin d'employer des artifices fiscaux, plus ou moins compliqués et plus ou moins injustes, pour retirer d'une main à ses citoyens une partie de ce qu'elle leur a donné de l'autre en rémunération de leur travail. Les charges de l'administration et des services non producteurs sont pour elle comme les frais généraux pour les entreprises privées et sont couvertes par la vente des produits.

On peut se demander cependant si, au cours de la période où subsistera la petite propriété paysanne, qui restera en dehors de l'organisation socialiste, elle ne pourrait pas être imposée. Mais là encore la réponse doit être négative. Même si on jugeait que, consommant directement une partie de ses produits et par suite achetant moins que la population urbaine aux magasins nationaux, la classe paysanne ne supporte qu'une fraction insuffisante des frais généraux sociaux, il serait facile d'égaliser les charges en abaissant les prix d'achat de ses produits qui seront fixés chaque année par le budget de la production.

Transports. — Tous les moyens de transport étant en la possession de la nation, elle remplacera graduellement l'outillage et les procédés arriérés de la plupart des entreprises privées par les méthodes à grand rendement de la science moderne, ce qui diminuera notablement la dépense.

Notons d'ailleurs que l'anarchie actuelle, où les produits passent de main en main avant d'être consommés ou employés, crée une multitude de déplacements et de manutentions qu'évitera l'organisation socialiste. Les matières premières seront réparties dans les centres de production les plus rapprochés de leur lieu d'origine. Les produits ouvrés seront, autant que possible, livrés à la consommation dans le rayon où ils seront fabriqués. D'autre part la masse des petites expéditions au commerce de détail sera remplacée par un nombre restreint d'expéditions par grosses quantités.

Les économies des divers services de transports s'accroîtront encore par la suppression du nombreux personnel qui établit, délivre et contrôle les lettres de voiture, connaissements, billets de circulation. La nation, pour le compte de qui se feront presque tous les transports, ne se les fera pas payer par elle-même. Et pour les particuliers l'usage des chemins de fer, paquebots et tous moyens de transport en commun sera gratuit, comme aujourd'hui celui des routes et des ponts. Pourquoi pas?

Au nombre des transports gratuits sera évidemment celui des lettres ordinaires. Une taxe pourra être maintenue pour les lettres recommandées et dépêches. L'usage du téléphone sera également gratuit.

Bâtiments. — Les bâtiments publics, maisons d'habitation, usines, entrepôts, fermes, seront construits et entretenus par la nation.

Chaque citoyen choisira librement son logement parmi les locaux disponibles, et le loyer lui sera retenu sur son salaire.

Solidarité sociale. — Le socialisme a pour base le principe de la solidarité humaine, d'où découle pour tous le droit à l'existence. Pour que ce droit devienne effectif, chacun doit recevoir, de sa naissance à sa mort, les aliments, vêtements, logement, objets divers indispensables à une vie normale. Et comme le travail seul peut les créer, tout adulte valide doit accomplir sa part du travail social. Quant aux enfants, vieillards, femmes en couche, mères de famille, malades, blessés, infirmes et à tous ceux qui, temporairement ou définitivement, sont incapables de travailler, ils sont à la charge de la société.

La solidarité sociale, se substituant aux compagnies d'assurances capitalistes, couvre en outre l'universalité des citoyens contre les pertes accidentelles qui peuvent détruire une partie ou la totalité de leur avoir, et cela sans qu'ils aient à signer des polices d'assurances individuelles, et à s'exposer aux contestations d'assureurs toujours disposés à se soustraire à leurs engagements quand les artifices de la chicane leur en fournissent le moyen.

Hygiène publique. — Le régime capitaliste est impuissant à appliquer les règles de l'hygiène déterminées par la science parce que chacune d'elles lèse des intérêts privés toujours prédominants.

L'alimentation est défectueuse, à cause non seulement de sa fréquente insuffisance, mais aussi des fraudes de toute nature qui enrichissent les fabricants de produits alimentaires en ruinant la santé de leurs clients, parfois même en occasionnant leur mort. Certains produits, comme l'alcool, sont nuisibles tant par leur mauvaise qualité que par l'exagération de la quantité absorbée.

Vainement on cherche à lutter contre les fraudes et contre l'alcoolisme. Le mal étend de plus en plus ses ravages.

Seul le socialisme y apportera un remède définitif. La nation étant seule chargée de la fabrication des produits alimentaires, nul n'aura à gagner à les sophistiquer. Ils seront donc toujours purs. Et quant à l'alcool de bouche, si elle ne juge pas à propos d'en supprimer purement et simplement la production, c'est-à-dire la vente, elle la restreindra par l'élévation du prix à une quantité infime, et cet alcool, bien rectifié, aura perdu sa dangereuse nocivité.

Le socialisme, disposant d'une main-d'œuvre surabondante, jettera bas les masures infectes où, à la ville et à la campagne, se conservent et se propagent les germes de toutes les maladies, et les remplacera par de spacieuses maisons modernes où pénètreront largement l'air et le soleil, où l'eau pure circulera partout, où le tout à l'égout entraînera au loin les microbes pathogènes qui seront ensuite stérilisés. Ce sera notamment, la fin de la tuberculose.

Le socialisme supprimera les petits ateliers exigus et sombres, où l'on ne respire qu'un air vicié, pour les remplacer par de grandes usines où l'on travaillera à l'aise, où toutes les précautions seront prises pour éviter les accidents. La présence quotidienne déjà minime, sera encore réduite pour les travaux insalubres, rendus d'ailleurs moins dangereux par l'usage de tous les dispositifs de préservation.

Enfin, un ensemble de mesures strictement appliquées préviendra les maladies épidémiques et contagieuses ou les empêchera de se propager. Il n'y a pour cela qu'à exécuter les prescriptions de la science; mais la société capitaliste n'en trouve jamais les moyens pécuniaires.

Dans de telles conditions, il est évident que la race humaine au lieu de s'étioler de plus en plus reprendra sa vigueur, que la durée de la vie sera notablement prolongée et que les morts prématurées deviendront exceptionnelles.

Instruction publique. — Le socialisme établira, pour tous les enfants indistinctement, l'égalité du point de départ. Ils débuteront tous par l'école primaire, quelle que soit la situation occupée par leurs parents. Les plus intelligents, désignés par voie de concours, seront seuls admis à l'enseignement secondaire, et de même les meilleurs élèves des établissements secondaires seront seuls appelés à recevoir l'instruction supérieure. Ainsi s'opèrera le drainage des capacités. Les hautes fonctions seront réservées aux plus méritants et non, comme aujourd'hui, aux plus riches.

L'enseignement pratique accompagnera toujours l'enseignement théorique.

Questions religieuses. — Quoique son principe fondamental soit le matérialisme, le régime socialiste ne pèsera jamais sur les consciences individuelles, et chacun sera libre de pratiquer une religion ou de ne pas en avoir. Naturellement l'entretien du culte sera à la charge des fidèles.

Malgré cette neutralité, il est évident que l'atmosphère socialiste deviendra rapidement mortelle aux idées religieuses.

Les églises n'attirent encore les foules qu'à raison des avantages matériels que l'hypocrisie, sinon la foi, assure à ceux qui les fréquentent. Les riches et les puissants ont intérêt à entretenir chez les exploités l'esprit de résignation et de soumission que prêchent les ministres du culte. Et comme ils disposent de la plus grande partie des emplois et des institutions charitables, il est prudent de s'assurer leur bienveillance en paraissant entrer dans leurs vues. Mais quand le servage économique aura pris fin, quand le droit au travail ou aux secours sera une réalité pour tous, le désert se fera dans les temples. Et il sera d'autant plus complet, que les vrais croyants eux-mêmes ne recherchent les illusoires secours de la religion que dans les épreuves matérielles et morales qui les atteignent. Or le bien-être, la sécurité, la fin des souffrances engendrées par la mauvaise organisation sociale, rendront inutile tout appel au chimérique appui d'en haut.

VIII

Solution de tous les problèmes sociaux

Par le seul fait d'exister, et sans avoir besoin de recourir à des mesures spéciales, le socialisme fait disparaître tous les problèmes sociaux devant lesquels le régime capitaliste est obligé d'avouer son impuissance. Et ainsi il n'a même pas à les résoudre. On l'a déjà vu plus haut à propos des questions d'hygiène, notamment de l'alcoolisme et de la tuberculose. Passons rapidement en revue les plus importantes des autres questions.

Misère, prostitution, criminalité. — La disparition de la misère résultera trop évidemment de l'application du principe de la solidarité sociale pour qu'on ait à y insister.

La prostitution ayant personne ne le conteste, la misère pour cause propre exclusive, disparaîtra avec elle. Et cela d'autant plus sûrement que, la prise en charge par la nation de toutes les existences humaines créera pour tous une sécurité absolue, de sorte que les tristes questions d'argent ne se mêleront plus aux projets de mariage. L'homme n'en retardera plus le moment jusqu'à ce qu'il soit en état, par son travail ou la dot de sa femme, de nourrir une famille. Les jeunes gens s'uniront presque toujours, dès qu'ils en auront l'âge légal, aux jeunes filles qu'ils aimeront, et le vice ne trouvera plus guère de place dans les existences purifiées.

Comme conséquence la hideuse syphilis cessera d'exercer ses ravages. Qui ne sent l'immense portée de pareilles améliorations!

La misère est la grande recruteuse du crime aussi bien que de la prostitution. Un criminaliste italien a établi par des statistiques que la criminalité est cinq fois plus fréquente chez les pauvres que chez les riches. Et même quand des individus de la classe privilégiée deviennent criminels, ils obéissent presque toujours à des mobiles qui résultent de la mauvaise organisation sociale et n'existeraient plus en régime socialiste. Ainsi il n'est pas exagéré de dire que, sous ce régime, les crimes et délits deviendraient tout à fait exceptionnels.

Mais le plus grand nombre des mauvaises actions restent impunies. Combien de vilenies, de malhonnêtetés, pourrait-on relever dans l'existence des gens les plus considérés, si on avait le moyen d'en dresser la liste! Elles ont pour cause le funeste principe de la lutte pour la vie qui engendre forcément la haine, la cupidité, le vol, la fraude, le mensonge. En régime socialiste, la lutte entre les hommes serait remplacée par la solidarité, chacun aurait sa place au soleil sans avoir besoin de la disputer à ses voisins. L'élévation du niveau moral serait telle qu'on a peine à se le figurer, au sein de notre milieu corrompu.

L'Internationale des peuples et la fin des guerres. — Autant des conflits armés sont inévitables entre nations opposées les unes aux autres par la concurrence économique, autant ils seraient impossibles entre nations socialistes qu'aucune rivalité d'intérêts ne viendrait diviser; l'essence même du socialisme les empêcherait de chercher à réaliser des bénéfices aux dépens des autres, le bénéfice, unique mobile des activités en régime capitaliste, étant exclu de l'économie socialiste, comme inconciliable avec ses principes fondamentaux.

Peu à peu, les frontières s'effaceraient, les populations des territoires les plus pauvres émigreraient vers les pays riches et peu peuplés où elles seraient accueillies et protégées comme dans leur patrie d'origine. Un équilibre s'établirait entre les diverses parties du monde habitable, qui échangeraient pacifiquement leurs produits surabondants.

Et c'est une grave erreur de croire que durant la période qui précèdera l'avènement du socialisme dans les principales nations, celles qui l'auraient adopté les premières seraient livrées sans défense à l'agression des puissances de proie. Elles auraient, il est vrai, à veiller à leur sécurité; mais n'est-il pas évident que l'intensification de leur production et la surabondance de leur main-d'œuvre leur permettraient de mettre sur pied de formidables armées pourvues du matériel le plus perfectionné ? D'autre part, la concentration de toutes les forces productives dans les mains de la nation assurerait leur ravitaillement sans la moindre difficulté, moyennant une augmentation du travail de la population civile. La supériorité des nations socialistes serait telle que nul n'oserait les attaquer.

Ainsi le socialisme est seul en état de donner à l'humanité la paix absolue et définitive.

Fin des conflits sociaux. — Et seul également, il peut lui donner la paix sociale par la suppression des classes en lutte et de toute opposition d'intérêts entre les hommes.

Les agitations convulsives dans lesquelles se débattent tous les peuples, au lendemain des grands bouleversements de la guerre, sont la résultante inévitable de l'organisation capitaliste. Tant qu'elle persistera, le mal ne pourra que s'aggraver, alors qu'il cesserait instantanément, non pas du jour où le socialisme serait proclamé, mais dès qu'il entrerait dans son fonctionnement normal.

Ceci n'a pas besoin d'être démontré pour quiconque a lu les pages qui précèdent.

Il y aura toujours, c'est entendu, des gens mécontents de leur sort et se croyant, à tort ou à raison, victimes d'injustices. Mais leurs récriminations individuelles ne trouveront aucun écho dans la masse pleinement satisfaite.

Revendications féministes. — Elles sont toutes dirigées contre les institutions actuelles. En assurant l'égalité des sexes dans le bien-être et l'indépendance économique, en accordant à la femme une protection spéciale, exigée par la nature dans certaines circonstances, le socialisme leur donnera une satisfaction tellement complète qu'on peut s'étonner que le mouvement féministe ne soit pas entré sans réserve dans le grand courant socialiste.

Liberté individuelle. — Les adversaires du socialisme prétendent qu'il étoufferait la liberté individuelle. La vérité c'est qu'en dehors de la période de dictature inévitable au début et sur laquelle il serait souverainement injuste de le juger, le socialisme rendra effectives pour l'universalité des citoyens toutes les libertés qui, dans notre démocratie (?) capitaliste, n'existent que pour les privilégiés.

Une seule liberté disparaîtra, celle d'exploiter le travail et de s'enrichir aux dépens d'autrui. Mais si vifs que soient les regrets qu'elle pourra provoquer, ils ne sauraient apitoyer la foule de ses victimes.

IX

Conditions de réalisation du Socialisme

L'exposé qui précède est déjà par lui-même une réponse suffisante à ceux des adversaires du socialisme qui le combattent parce qu'ils l'ignorent et à ceux de ses partisans qui ne croient pas à la possibilité de sa réalisation immédiate.

Pourtant ces derniers prétendent justifier leur opinion par des arguments qui, sans avoir de valeur réelle, sont employes depuis si longtemps, qu'ils sont admis sans examen par des militants encore nombreux. Il est donc nécessaire de les réfuter de point en point.

Ils se résument en ces quelques lignes:

Le socialisme étant le couronnement du capitalisme, ne peut apparaître qu'au terme de l'évolution de ce régime, ou tout au moins quand la concentration de la richesse est très avancée.

Il exige en outre des éléments humains bien préparés par l'éducation à en assurer le fonctionnement. Les prolétaires ne peuvent exercer la direction de l'organisation socialiste que si une longue pratique de la coopération, du syndicalisme, de la participation à la gestion d'entreprises capitalistes, a fait d'eux des administrateurs compétents.

La succession du capitalisme n'est pas bonne à recueillir à la suite des désastres accumulés par la guerre et au milieu des difficultés qu'on éprouve à remettre en marche les services désorganisés. Il faut attendre que le capitalisme ait rétabli l'ordre et refait la fortune perdue. Le prolétariat n'aura plus qu'à s'en emparer.

Même quand le prolétariat aura conquis le pouvoir, le socialisme ne pourra être instauré immédiatement. Il devra commencer par accomplir le programme démocratique de la bourgeoisie radicale.

Voilà bien les objections, toutes les objections essentielles. Examinons-les de très près:

Personne ne conteste que le développement du capitalisme conduit au socialisme en ce sens qu'il crée une situation telle que le socialisme s'imposera comme l'unique moyen de salut de la masse des exploités.

Mais le socialisme ne se dégagera pas naturellement et spontanément du capitalisme, si avancé que puisse être l'évolution. La transformation ne s'acomplira pas d'elle-même; elle exigera un acte révolutionnaire. A quel moment, dans quelles conditions cet acte pourra-t-il surgir? C'est la question à résoudre. Elle est complexe et en soulève plusieurs autres.

D'abord il faut préciser ce qu'on entend par capitalisme: le parti socialiste s'est trop habitué à ne considérer comme constituant le régime capitaliste que l'industrialisme sous sa forme moderne de sociétés anonymes, comptoirs, cartels, trusts, avec son organisation bancaire. Une telle conception conduirait à cette absurdité qu'un patron opérant avec ses propres capitaux, si considérables qu'on les supposât, serait en dehors du système capitaliste.

Il est bien évident, au contraire que le caractéristique de ce système est l'exploitation du travail que permet la possession des moyens de production; il importe peu que le possesseur soit un individu ou une société privée.

Et par conséquent la grande et la moyenne propriété terrienne appartiennent au régime capitaliste aussi bien que la grande et moyenne industrie, que le grand et moyen commerce.

Seule reste en dehors du régime capitaliste la petite propriété foncière, industrielle et commerciale que son détenteur fait valoir par son travail et celui de sa famille, sans recourir à une main-d'œuvre étrangère.

De même l'existence du régime capitaliste est indépendante du degré de perfectionnement technique auquel peut être parvenu le mode de production: un manufacturier qui n'emploie qu'un outillage arriéré exploite le travail prolétarien tout comme une société anonyme avec des usines modernes. Il appartient donc, au même titre qu'elle, au régime capitaliste, et c'est également le cas du propriétaire foncier faisant cultiver ses terres selon les anciennes méthodes.

Ces quelques considérations qui, de toute certitude, expriment la vérité socialiste, font justice du sophisme, si fréquemment répété depuis quelque temps, qu'un pays comme la Russie, du fait qu'il est moins industrialisé que l'Angleterre et que l'agriculture y est encore primitive, est impropre au fonctionnement du socialisme et qu'il devra subir une transformation capitaliste préalable pour que le socialisme puisse y naître et s'y maintenir.

En réalité la Russie, où la grande propriété foncière occupait la presque totalité du sol avant la révolution, était déjà, par cela seul, en régime capitaliste, et il suffisait de la prise du pouvoir par la classe exploitée pour que le socialisme y devînt possible.

Ce qui a donné naissance à cette idée de la nécessité d'une transformation industrielle préalable, c'est que généralement le cultivateur, isolé, peu instruit, est beaucoup moins accessible à la propagande socialiste que le prolétaire des villes, en contact continuel avec ses frères de souffrance dans les établissements industriels. Ce dernier a toujours été considéré comme l'élément révolutionnaire par excellence, et là où il est peu nombreux, on estime que le socialisme n'a rien à espérer.

Pourtant si, comme en Russie, le prolétariat agricole a puisé, dans l'excès même de l'oppression qui pesait sur lui, un instinct révolutionnaire puissant, si d'autre part, familiarisé avec la pratique d'un communisme primitif, il est plus apte à celle du communisme scientifique que le paysan de France, si grossièrement individualiste, et si, à la faveur de circonstances comme il s'en est effectivement produit dans divers pays à la suite de la guerre, l'ensemble de la classe ouvrière a pu s'emparer du pouvoir, par quels arguments peut-on persister à soutenir que le régime socialiste doit être obligatoirement précédé d'une période d'industrialisation capitaliste intensive?

Plus on analyse les raisons qui ont déterminé chez les théoriciens socialistes cette croyance à peu près unanime que le socialisme ne peut sortir que du processus capitaliste, plus on arrive à comprendre qu'elles sont inspirées principalement de cette même pensée qu'un milieu capitaliste très développé est l'indispensable bouillon de culture du ferment révolutionnaire, la condition *sine qua non* de la formation d'un prolétariat nombreux dont les révoltes grandissantes doivent finir par briser le cadre social où il a pris naissance.

Mais s'il est vrai que l'évolution normale du capitalisme conduit à ce résultat, des événements d'une portée exceptionnelle, comme la guerre, peuvent la précipiter et porter le prolétariat au pouvoir. Peut-on sérieusement soutenir que, dans ce cas, le prolétariat doit renoncer à cette chance d'affranchissement, parce qu'elle est prématurée, et reprendre ses chaînes en attendant que l'évolution ait atteint son terme final?

— Non, répondent les réformistes: s'il a le pouvoir, il doit le conserver, mais en se gardant bien de consommer la transformation sociale intégrale, de peur d'un échec; il doit se borner à des mesures préparatoires qui l'achemineront peu à peu vers le socialisme parfait.

Allons donc! vous oubliez qu'il n'y a pas d'état intermédiaire entre le capitalisme, qui est un régime défini, et le socialisme qui en est un autre. Si celui-ci ne remplace pas celui-là, il le laisse subsister. Or le capitalisme ne vit que de confiance et de tranquillité. Peut-on espérer qu'il s'accommodera d'une ère d'agitations, de troubles, de menaces, de restrictions, au bout de laquelle il apercevra sa mort inévitable? Non. Il désertera, il se mettra en grève, il fermera ses établissements, de sorte que le prolétariat, après avoir reculé devant la socialisation, s'y verra contraint pour empêcher la production de tomber à zéro et pour assurer l'alimentation du peuple, qui est le besoin le plus urgent.

D'ailleurs, après les immenses destructions de la guerre, la puissance reconstructive du socialisme est seule capable de sauver la plupart des nations européennes d'un complet effondrement. La prolongation de l'anarchie stérilisante du capitalisme, c'est la marche à l'abîme. Le socialisme est devenu une nécessité et il ne saurait se dérober au devoir qui s'impose à lui.

En somme, c'est pour faire naître des conditions favorables à la prise du pouvoir par le prolétariat beaucoup plus que pour aplanir les difficultés de réalisation du socialisme qu'une période préalable de capitalisme intensif est jugée nécessaire. Si le pouvoir est conquis avant que cette étape ait été parcourue, il n'y a plus à l'envisager.

Pourtant les partisans de l'ajournement du socialisme invoquent d'autres arguments, tirés de la nécessité d'une préparation matérielle.

Selon eux, la socialisation ne deviendra possible que lorsque la concentration capitaliste aura détruit toutes ou presque toutes les petites et moyennes entreprises. A ce moment une loi transformera en propriété nationale les grands établissements financiers, industriels et commerciaux, les grandes propriétés foncières nées de l'absorption des petites propriétés privées, sans qu'il y ait grand chose à modifier dans leur fonctionnement.

Si vraiment nous devions attendre, pour exproprier le grand capital, qu'il ait entièrement dévoré le petit, nous attendrions longtemps... et sans doute toujours.

La concentration des capitaux est certaine; la plus-value de richesse créée va presque exclusivement à un nombre restreint de ploutocrates; beaucoup de petites et moyennes entreprises sont ruinées et disparaissent. Mais d'autres se créent à leur place. Dans l'ensemble, le nombre des petites propriétés foncières, mobilières, industrielles, commerciales reste à peu près stationnaire.

D'ailleurs en quoi la disparition préalable de la presque totalité d'entre elles est-elle indispensable à l'établissement du socialisme? Serrons cette question de près.

Tout d'abord écartons du débat la petite propriété agricole, puisque tout le monde en admet le maintien provisoire, à titre de précaution politique seulement, pour ne pas mécontenter la classe paysanne, et non à cause des difficultés économiques de sa socialisation.

Restent donc les petites propriétés commerciales et industrielles. Evidemment si tous ces minuscules établissements étaient déjà remplacés, dans chaque localité, par un nombre très restreint de grands magasins et de grands ateliers, l'opération serait simplifiée. Mais puisque, en fait, ils ne se sont pas concentrés spontanément, on les concentrera d'autorité. Il suffira, dans la période transitoire, de décider que leurs propriétaires devront les tenir ouverts jusqu'à leur suppression et de leur fournir les moyens de se réapprovisionner; puis, graduellement, de les évacuer en transportant leurs marchandises et leur matériel dans les locaux choisis ou créés pour devenir des magasins et des ateliers nationaux. Ce sera l'affaire de quelques mois, d'un an au plus; mais avec une bonne méthode, la transformation n'a rien d'impossible, ni même de difficile.

Ainsi cette croyance, presque générale chez nos

militants, que le socialisme ne peut être que le couronnement de l'évolution capitaliste, repose sur une fausse interprétation de la doctrine marxiste qui ne conduit nullement à une telle conclusion. Qu'on ne vienne pas opposer l'autorité de Marx aux déductions qui précèdent: le génial auteur du *Capital* a magistralement montré que la croissance naturelle du régime capitaliste engendrait les éléments économiques et les forces prolétariennes qui amèneraient sa destruction. Il n'a jamais dit que cette destruction ne pourrait pas être hâtée par l'action révolutionnaire d'un prolétariat résolu.

La pensée de Marx sur cette question n'est exprimée ni dans le *Capital* ni dans aucun autre de ses ouvrages les plus connus. On la trouve dans une *Lettre sur le Développement économique de la Russie* reproduite par le *Mouvement Socialiste* du 24 mai 1902.

Les idées exposées par Marx dans le premier volume du *Capital* avaient provoqué de vives polémiques. L'un des commentateurs, l'écrivain russe Michaïlowsky, avait cru pouvoir considérer l'esquisse historique du procès du mode capitaliste de production comme une théorie historico-philosophique d'une application générale. Il en résulterait que, selon l'opinion de Marx, chaque nation, et notamment la Russie, dans son développement historique, devrait inévitablement passer par une phase capitaliste. C'est ce que beaucoup de socialistes croient encore aujourd'hui.

Mais Marx proteste énergiquement contre une telle interprétation de sa pensée.

Il n'admet pas qu'on puisse « métamorphoser son « esquisse de la genèse du capitalisme *dans l'Europe* « *occidentale* en une théorie historico-philosophique « de la marche générale, fatalement imposée à tous « les peuples. »

Tout au contraire, il est certain, dit-il, que « des « événements d'une analogie frappante, mais se

« passant dans les milieux historiques différents, « amenèrent des résultats tout à fait disparates. »

Et il rappelle, à titre d'exemple, que les paysans libres de l'ancienne Rome, ayant été expropriés, devinrent non des travailleurs salariés, mais des parasites fainéants et qu'à leur côté se déploya un mode de production non capitaliste, mais esclavagiste.

C'est donc, dit-il, en étudiant à part l'évolution de chaque peuple, en la comparant ensuite aux autres, qu'on trouvera la clef de ses phénomènes évolutifs. « On n'y arrivera jamais avec le passe-partout d'une « théorie historico-philosophique, dont la suprême « vertu consiste à être supra-historique. »

Puis, faisant application de ces principes à la situation de la Russie vers la fin du siècle dernier, qu'il a, dit-il, étudiée pendant de longues années après avoir appris le russe, Marx déclare nettement que si la Russie continue à détruire ses institutions de communisme rural pour passer au régime capitaliste, « *elle perdra la plus belle occasion que l'his-* « *toire ait jamais offerte à un peuple.* »

Cette citation de Marx tombe d'un poids écrasant sur les socialistes qui se servent de son autorité pour justifier les mauvais prétextes par lesquels ils cherchent à reculer la réalisation du socialisme. Elle est particulièrement décisive dans les controverses passionnées que soulève en ce moment la révolution russe et donne entièrement raison à la tactique des bolcheviks.

Repoussons donc les suggestions décourageantes d'un fatalisme, condamné par Marx lui-même, qui pousse à la résignation et à la passivité, à une époque où le bouleversement du vieux monde offre un si admirable champ d'activité à l'énergie humaine. N'attendons pas tout des événements. Comptons davantage sur nos efforts.

Pour achever de détruire la dangereuse erreur dont la réfutation vient d'être faite et achever d'en extirper les racines, poussons le raisonnement encore plus loin en posant et en démontrant la proposition suivante :

Non seulement l'avènement du socialisme n'exige pas que l'évolution capitaliste ait atteint son terme final, on s'en soit sensiblement rapproché, mais le socialisme peut parfaitement naître et s'affermir sans avoir été précédé soit d'une période capitaliste, soit même d'une période de propriété individuelle non capitalisée.

La thèse est audacieuse, par rapport aux idées préconçues qu'elle heurte directement. On va voir qu'elle est juste.

Certes la conception du socialisme ne peut germer que dans des cerveaux qui, ayant analysé, dans sa structure et dans le jeu de ses organes, le régime capitaliste, et ayant reconnu son absurdité inique, ont été amenés à déterminer les bases d'une organisation sociale meilleure. Si donc le capitalisme n'existait nulle part, la conception du socialisme ne naîtrait pas dans un nombre de cerveaux suffisant pour pouvoir se traduire en actes révolutionnaires.

Mais il suffit que le capitalisme existe quelque part pour que, de son examen critique, se dégage la doctrine socialiste, et cette doctrine, une fois constituée sur des bases solides et précisée dans les modalités de son application, peut parfaitement être mise en vigueur dans des pays autres que celui où elle est née ; même dans des pays où ni le capitalisme ni simplement l'individualisme n'ont existé, comme par exemple un territoire inhabité ou occupé par une population non civilisée.

Cette population, évidemment, ne pourra jouer dans l'organisation socialiste qu'un rôle subordonné, tout en y trouvant des avantages considérables. Incapable de se diriger elle-même, elle devra accepter la direction qui lui sera donnée. En d'autres termes le pouvoir devra être aux mains d'un groupement de socialistes conscients, venus de l'extérieur. C'est la condition nécessaire de la création d'une organisation socialiste ; mais elle est suffisante. S'il s'agit d'un territoire inhabité, tous les éléments humains devront, naturellement, y être importés. Il reste à savoir si, dans un pays où rien n'existe, ces éléments pourront créer de toutes pièces une organisation socialiste, ou s'ils devront forcément adopter pour point de départ le régime de la propriété individuelle et attendre qu'elle ait évolué vers le capitalisme.

Il est d'abord bien certain que si les nouveaux occupants ne disposent d'aucunes ressources extérieures en aliments, vêtements, instruments agricoles et industriels, semences, etc., ils seront exposés à mourir de faim ou à vivre, comme les sauvages, de leur chasse et de leur pêche. S'ils se maintiennent, un laps de temps considérable s'écoulera avant qu'ils puissent améliorer leurs conditions d'existence et se donner une organisation politique et économique régulière.

Mais il faut admettre qu'ils aient apporté avec eux des vivres, des vêtements, du matériel, des semences, et qu'ils puissent en renouveler l'approvisionnement par la suite, ce qui est le cas de tous les fondateurs de colonies. Alors ils pourront immédiatement tirer parti des ressources de leur nouveau domaine en produits agricoles, matériaux de construction, etc., et vivre de la vie civilisée. Dès le début ils auront à fixer leur statut économique. Seront-ils dans l'obligation absolue de commencer par le régime individualiste ?

Eh bien, non ! cent fois non ! Des socialistes conscients comme on les a supposés, se trouvant devant une table rase, ne pourront avoir l'idée saugrenue de reconstituer avec tous ses défauts, tous ses abus, toutes ses monstruosités, le régime absurde dont ils auront souffert dans leur pays d'origine. Pourquoi iraient-ils diviser en petits morceaux la terre qu'ils pourraient beaucoup mieux féconder avec un effort moindre par le travail en commun ? Pourquoi iraient-ils payer tribut à des commerçants, à des industriels, à des financiers parasites, lorsqu'ils pourraient produire eux-mêmes et se répartir au prix de revient ? Pourquoi préféreraient-ils la stérilité à l'abondance, la concurrence à l'association, la lutte meurtrière à la solidarité fraternelle ?

Rien n'autorise à croire qu'ils tomberaient à une telle aberration. Il est certain, au contraire, que leur première pensée, leur plus cher désir serait de se donner la belle organisation socialiste dont la supériorité ne ferait aucun doute dans leur esprit.

Osera-t-on prétendre que leur volonté se heurterait à une force des choses intangible, contre laquelle ils seraient impuissants ? Il faut que les socialistes à longue échéance le prétendent, sous peine de voir leur thèse s'écrouler. Mais il faut, en outre, qu'ils le prouvent. Or, les obstacles mystérieux dont ils effraient, à distance, les esprits superficiels, s'évanouissent quand on s'approche. On n'arrive pas même à les concevoir.

Entre une vieille machine, surchargée de rouages inutiles et dépensant énormément de force pour un faible rendement, comme le capitalisme, et le mécanisme socialiste, perfectionné et d'une productivité plus grande, parce qu'il est plus simple, on ne saurait hésiter quand on a le choix, puisque le meilleur outil est en même temps le plus facile à construire.

Du côté des contradicteurs, on pourra répondre que les conditions d'un pays désert ou peuplé de sauvages, envisagées par hypothèse, ne sont pas celles des nations européennes, où se sont créés des intérêts privés qui peuvent s'opposer à la transformation socialiste, où existe une population qui peut en méconnaître les avantages.

C'est vrai. Mais marquons d'abord le point gagné : Si l'on reconnaît que, dans certains cas, le socialisme peut être réalisé sans avoir été précédé d'une période capitaliste, comme la démonstration vient d'en être faite, la thèse générale et absolue de la nécessité de cette phase préparatoire est ruinée dans son principe. Il est acquis que, dans le domaine matériel ou économique, le socialisme, forme supérieure de l'organisation du travail, peut, à tous les degrés de l'évolution, être substitué au régime existant. Reste à tenir compte de la résistance qu'il pourra trouver du côté des éléments humains.

Il faut l'avouer : sur ce terrain, la situation est moins favorable, et ce serait s'aveugler étrangement que de croire que le socialisme peut se réaliser immédiatement dans tous les pays. Toutefois, il ne faut pas s'exagérer les difficultés qui se dressent devant lui et tomber dans le pessimisme. Essayons de déterminer avec précision les conditions indispensables de son avènement.

La première qui apparaît est de beaucoup la plus importante : il faut que le prolétariat soit devenu assez fort pour s'emparer du pouvoir politique.

La prise du pouvoir est l'acte révolutionnaire par excellence : si elle n'est pas elle-même la solution, elle ouvre au prolétariat toutes les possibilités, en faisant tomber l'obstacle fondamental après lequel il ne reste plus à surmonter que des difficultés secondaires.

L'effort préalable d'éducation et d'organisation qui s'impose au prolétariat en marche vers son affranchissement a pour but principal de le rendre capable de cet acte décisif.

Il est bien inutile, contrairement à une opinion entretenue par les endormeurs, que le prolétariat se prépare, en participant à la gestion des coopératives, des syndicats et des sociétés capitalistes à prendre lui-même en main l'administration de la société nouvelle. Ainsi qu'on l'a vu au chapitre de la production, elle continuera à être assurée par les techniciens qui l'exercent aujourd'hui, et qui sont aptes à cette fonction, tandis que les travailleurs subalternes n'y sont pas aptes.

Précisons bien ce point, dont l'importance est capitale, et autour duquel tant d'erreurs ont été accumulées, depuis le début de la vieille querelle des *manuels* et des *intellectuels*.

C'est aller contre le sens commun et trahir les travailleurs en paraissant les flatter grossièrement, que de leur faire croire qu'ils ont des capacités universelles et peuvent s'improviser ingénieurs, comptables, directeurs d'établissements industriels et commerciaux.

Mais pourquoi assumeraient-ils cette responsabilité, lorsqu'ils auront à leur disposition les cadres sociaux qui en sont chargés actuellement ?

Dans l'industrie moderne, il est très rare que les directeurs d'usines en soient aussi les propriétaires. Presque toujours ils sont des salariés, et à ce titre ils appartiennent au prolétariat.

Plus que jamais, au moment où la révolution apparaît toute proche, il faut s'entendre une bonne fois sur la signification de ce mot *prolétariat*, qui est interprété trop souvent avec une étroitesse pleine de dangers pour l'œuvre à accomplir.

Le prolétariat doit comprendre tous ceux qui vivent, non de l'exploitation du travail d'autrui mais de leur propre travail, c'est-à-dire, en outre des travailleurs manuels, la totalité des autres salariés : employés, contremaîtres, ingénieurs, agents administratifs à tous les degrés de la hiérarchie, y compris les directeurs appointés.

Wilhelm Liebknecht, le grand socialiste, père de Karl Liebknecht le martyr, allait même beaucoup plus loin. Le *Vorwaërts* du 7 août 1901 a publié des fragments posthumes de ses œuvres, écrits en 1881 et dont Jaurès a donné dans la *Petite République* une traduction partielle. On y lit les lignes suivantes :

... « Le concept de classe ouvrière ne doit pas être entendu trop étroitement : nous comprenons dans la classe ouvrière tous ceux qui vivent exclusivement ou principalement du produit de leur travail et qui ne s'enrichissent point par le concours du travail d'autrui. Ainsi, dans la classe ouvrière, doivent être compris, outre les travailleurs salariés, la classe des paysans et cette petite bourgeoisie qui tombe de plus en plus dans le prolétariat c'est-à-dire tous ceux qui souffrent du système actuel de la grande production. Quelques-uns prétendent, il est vrai, que le prolétariat des salariés est la seule classe révolutionnaire et qu'il forme seul l'armée du socialisme — que tout ce qui vient des autres états ou des autres classes doit être considéré avec méfiance. Par bonheur des conceptions aussi dépourvues de sens n'ont jamais été accueillies par la démocratie socialiste allemande.

... « Réduit aux salariés, le socialisme serait incapable de vaincre. Compris par l'ensemble du peuple qui travaille et par l'élite morale et intellectuelle de la Nation, sa victoire est certaine.

... « Le nombre de ceux qui sont poussés par leurs intérêts dans les rangs de nos ennemis est si petit qu'il en devient presque négligeable.

... « La démocratie socialiste... est le parti de l'ensemble du peuple à l'exception de deux cent mille grands propriétaires, hobereaux, bourgeois et prêtres. »

Cette conception élargie du prolétariat est excellente en temps normal, lorsque l'action se trouve réduite à la propagande pacifique, qui s'en trouve notablement facilitée ; elle ne convient pas, il faut le dire, dans la situation révolutionnaire créée par la guerre. Il serait imprudent de compter sur le concours des paysans et petits bourgeois, gavés de profits, mais non rassasiés. Du moins, n'affaiblissons pas l'armée des salariés en la divisant.

Evidemment une partie des techniciens, identifiés aux travailleurs manuels par leurs conditions économiques, mais plus rapprochés de la bourgeoisie par l'éducation et les relations usuelles, ne s'associeront pas activement à l'effort révolutionnaire. Mais dès le lendemain de la victoire, ils se trouveront prêts à reprendre leur tâche. Si quelques-uns boudent, ce ne sera pas pour longtemps ; et d'ailleurs leur attitude dépendra beaucoup de celle qu'on aura à leur égard. Ne faisons donc rien pour nous aliéner leurs sympathies. Cherchons à les amener à nous plutôt qu'à les écarter.

Même dans les rangs des chefs d'industrie capitalistes, nombreux seront ceux qui apporteront volontairement leur concours au régime nouveau, lorsqu'ils seront convaincus de sa durée. Pourquoi les repousserait-t-on ? Comme on l'a dit plus haut, la socialisation aura aboli toutes distinctions de classes ; ils seront devenus des travailleurs, et il serait absurde de ne pas profiter de leur science et de leur expérience.

Dans l'esprit de beaucoup de militants, il existe une confusion des plus regrettables entre le côté technique et le côté spécifiquement socialiste de l'organisation à créer. Ils s'imaginent qu'on ne peut participer au travail commun si l'on n'est pas un socialiste conscient. Or, la technique est tout à fait indépendante de la structure sociale. Une usine capitaliste perfectionnée deviendra, du jour au lendemain, une usine communiste, sans avoir à subir de transformation matérielle. Le travail s'y effectuera dans les mêmes conditions. Ingénieurs, contremaîtres, ouvriers, manœuvres, y accompliront la même besogne, un peu abrégée seulement. Mais alors qu'y aura-t-il de changé ? Simplement la destination de la production qui, au lieu d'être le profit capitaliste, sera le bien-être de la masse des travailleurs. Or, ce changement de destination s'accomplira à partir du moment où le produit fini sortira de l'usine. Il n'aura aucune répercussion sur la fabrication.

Cette distinction est essentielle. Elle établit que, ni ceux qui dirigeront la production, ni même la masse des travailleurs n'auront besoin de comprendre et d'aimer le socialisme pour s'acquitter convenablement de leur tâche, et que, par conséquent, il n'y aura aucun danger à maintenir en fonctions les techniciens dont les préférences resteraient au régime déchu, sauf bien entendu à les contrôler sérieusement.

Il faudra bien, pourtant, pour que le socialisme s'établisse et se maintienne, qu'il y ait quelque part des cerveaux pénétrés de ses principes et possédant une connaissance approfondie de l'économie nouvelle qu'il doit substituer à l'économie capitaliste, et qui en diffère si profondément.

Sans doute ; mais il n'est pas nécessaire que ce soit la multitude : une élite suffira, si peu nombreuse qu'elle puisse être, pourvu qu'elle ait le pouvoir de faire exécuter ses conceptions.

Et c'est précisément en cela que consiste la dictature du prolétariat, qui n'est pas l'anarchie. Il faut comprendre cette expression dans le sens d'une dictature *imposée* par le prolétariat et non *exercée directement* par lui. Une dictature étant une *concentration* du pouvoir politique ne peut en être la *dissémination*. Le prolétariat, dépositaire de la souveraineté nationale, délègue son autorité à des hommes de confiance, qui interprêteront ses volontés et en assureront l'exécution. Ainsi seront prises rapidement les mesures de reconstruction économique, et au besoin de lutte contre les retours offensifs de l'ennemi, qui n'aboutiraient pas à temps si elles devaient être longuement délibérées par des assemblées nombreuses.

Ce n'est pas tout à fait ainsi que les choses paraissent s'être passées en Russie. La plupart des actes législatifs ont été discutés et adoptés par le Soviet central. Mais en fait, le résultat a été à peu près le même, les directives de Lénine et des commissaires du peuple ayant presque toujours prévalu après des débats sommaires.

D'ailleurs, la réunion du législatif et de l'exécutif dans les mains de quelques dictateurs n'est indispensable que dans la période initiale, celle où l'œuvre peut être compromise par le moindre flottement, le moindre retard dans les décisions. Aussitôt que les bases du régime nouveau sont un peu assises, le pouvoir législatif est restitué aux Conseils ouvriers.

Qu'on ne croie pas d'ailleurs que, même dans la première période, le rôle des Conseils doive être nul. Ils ont à assurer l'exécution du vaste programme de transformation élaboré par les dictateurs. Sans leur concours actif sur tous les points du territoire, ces derniers travailleraient dans le vide ; leurs décrets ne seraient que des chiffons de papier. Puis les dictateurs ne peuvent que tracer les grandes lignes de l'organisation nouvelle : c'est aux Conseils qu'il appartient de les compléter, de régler tous les détails d'application. De telles attributions ne sont-elles pas plus enviables que la faculté stérile de gaspiller en interminables harangues de tribune des forces et des dévouements auxquels s'offre un si utile emploi ?

Il résulte de ce qui précède que le prolétariat, pour être en état de commencer la révolution sociale, n'a aucun apprentissage économique et administratif à faire. Il suffit que son avant-garde soit devenue assez nombreuse et assez résolue pour s'emparer du pouvoir, et ensuite assez disciplinée pour le remettre à des hommes de confiance, offrant des garanties supérieures de capacité et de sincérité, et bien préparés à leur lourde tâche. De leur choix dépendra le succès ou l'échec de la révolution.

Réduit à ces termes, le problème est donc grandement simplifié et toutes les arguties employées pour retarder l'assaut final tombent d'elles-mêmes.

Mais il faut encore réfuter une autre erreur très répandue, surtout parmi nos adversaires, c'est que le socialisme, auquel théoriquement on reconnaît une pureté idéale, ne peut fonctionner qu'avec des éléments humains d'un niveau moral très élevé; d'où découle cette conclusion qu'avant de le réaliser, il faut, par un enseignement scientifique et philosophique prolongé, arracher du cœur des hommes l'égoïsme dont il est si profondément imprégné pour y implanter de nobles sentiments altruistes.

Si une telle amélioration préalable était vraiment nécessaire, l'heure du socialisme ne sonnerait jamais, car le niveau moral est fonction du milieu économique, et il est impossible qu'il se relève au sein de la corruption qui est l'essence même du régime capitaliste.

L'homme en soi n'est jamais ni complètement bon, ni complètement mauvais. Il fera le bien ou le mal selon les circonstances. Le principe de lutte, qui est à la base de l'individualisme, le pousse constamment à spolier son prochain. Le principe de solidarité, fondement du communisme, ne lui en fait pas une nécessité et ne lui en fournit pas l'occasion. Sans même que sa conscience intime ait eu besoin de se modifier, tel qui pratiquait les actes les plus malhonnêtes dans la société capitaliste, ne fera plus de tort à personne dans le milieu nouveau. Voilà pourquoi l'avènement du socialisme n'est nullement subordonné à une amélioration morale, chimérique en dehors de lui, et que seul il réalisera. Il fonctionnera parfaitement avec les éléments humains imparfaits que lui aura légués le capitalisme.

Un côté particulier du problème moral a cependant retenu l'attention et éveillé l'inquiétude de quelques observateurs. A l'exploitation sans frein dont ils sont l'objet, les travailleurs ont de plus en plus la tendance d'opposer une résistance passive sous forme de ralentissement systématique du travail, ce qu'ils appellent la *grève perlée*. On craint que ce mauvais vouloir ne continue à se produire après la transformation sociale et ne paralyse l'augmentation de production escomptée.

Il n'y a pas lieu de s'alarmer de cette disposition actuelle du prolétariat.

D'abord on ne peut supposer que les travailleurs affranchis soient assez inconscients pour retourner contre eux-mêmes l'arme forgée pour combattre leurs exploiteurs. Si cependant un certain nombre d'entre eux, ayant perdu l'habitude du travail normal, continue à diminuer la production, rien de ce fait ne sera perdu ni même compromis.

Dans notre organisation sociale si défectueuse, on arrive bien, avec un travail volontairement réduit, à suffire aux besoins essentiels des hommes, et si chacun avait sa part, nul ne connaîtrait l'horreur du dénuement. Donc, si on applique la même quantité de travail humain à un meilleur outillage et à des procédés plus perfectionnés, la production ne pourra que s'augmenter. Elle s'augmentera aussi, comme on l'a vu, du fait des quarante pour cent de parasites de la société capitaliste, qui deviendront des producteurs.

Et enfin il est impossible que, dans un très bref délai, les travailleurs ne comprennent pas qu'en travaillant davantage, ils travailleront moins longtemps et vivront mieux. A ce moment ils rempliront loyalement leurs devoirs envers la communauté, c'est-à-dire envers eux-mêmes.

En attendant, il appartiendra aux pouvoirs publics de réagir, par de vibrantes proclamations, contre l'engourdissement de leurs consciences, et aux travailleurs les mieux pénétrés de l'idéal socialiste de stimuler le zèle de leurs camarades moins développés, en leur ouvrant les yeux à leurs véritables intérêts.

L'argument le plus pitoyable des socialistes à retardement, est que nous serions bien imprudents de prendre la suite des affaires capitalistes, dans l'état désastreux où elles se trouvent, du fait des immenses destructions de la guerre. N'assumons pas, disent nos peu impatients camarades, une aussi lourde responsabilité. Laissons les capitalistes liquider eux-mêmes la situation qu'ils ont créée et reconstituer la fortune nationale. Ensuite les prolétaires s'en empareront.

On s'étonne qu'un pareil langage puisse être tenu par des socialistes ! Mais pourquoi sont-ils socialistes, s'ils croient le socialisme incapable de produire autant que le capitalisme et s'ils limitent son rôle à la restitution au prolétariat de la richesse dont il a été dépouillé ? Sans doute cette restitution serait un acte de justice, mais une accumulation de richesses que ne viendrait pas renouveler sans cesse une bonne organisation permanente de la production serait vite consommée. Et après ? Il faudrait donc rétablir le régime capitaliste pour reconstituer les stocks ? En d'autres termes, le capitalisme, ce serait l'abondance, le socialisme, ce serait la famine ? On se sent profondément humilié que de telles insanités aient pu être publiées.

La vérité ressort, lumineuse, des exposés faits aux précédents chapitres. Non seulement l'organisation socialiste est capable, aussi bien que le régime actuel, de relever l'Europe de ses ruines, mais elle seule peut accomplir cette œuvre gigantesque, et c'est le capitalisme qui n'en aura pas la force si on lui en laisse le soin.

Le socialisme est l'organisation parfaite; il fait une vaste synthèse de toutes les forces de production: humaines, mécaniques, naturelles, sans en laisser se perdre aucune, en les utilisant intensivement selon les données de la science moderne et des progrès qu'elle accomplit chaque jour. Le capitalisme, au contraire, gaspille dans les luttes stériles de la concurrence et détourne à la poursuite de profits parasitaires la plus grande partie de ces mêmes forces. C'est lui, malgré le scandale des grosses fortunes, qui est un régime de misère. C'est le socialisme qui multiplie la richesse et qui l'universalise.

Non seulement le socialisme est possible au lendemain de la guerre, mais il est indispensable au salut des peuples. Socialiser ou périr ! l'humanité n'a pas d'autre alternative. Or, elle veut vivre et elle vivra.

Sans doute la tâche du socialisme sera plus ardue dans l'effroyable situation résultant de cinq années de guerre — et quelle guerre ! — mais, par contre, son avènement ne peut qu'être facilité par le bouleversement des esprits qu'entraîne un tel événement, par les difficultés dans lesquelles vont se débattre de plus en plus nos gouvernants et les mécontentements qui, pour des causes multiples, vont se produire de toutes parts.

Ces difficultés, comme on l'a établi plus haut, le régime socialiste seul peut les résoudre, et elles subsisteraient, aggravées, si le prolétariat, maître du pouvoir, commettait la lourde faute de différer, sous prétexte d'agir avec prudence, la mise en vigueur des principes communistes.

Toutes les mesures, dites préparatoires, qu'il pourrait prendre dans cette période d'atermoiement ne prépareraient rien et ne remédieraient à rien.

Elles ne prépareraient rien parce que, supposé accomplie la nationalisation des chemins de fer, des mines, des assurances, des banques d'émissions, des raffineries de sucre et de pétrole, le passage à un état purement communiste n'en serait pas rendu plus aisé, tous les obstacles à vaincre étant dans la socialisation de la multitude des entreprises privées, et ne se trouvant ni supprimés, ni même amoindris par la reprise de quelques grands monopoles.

Elles ne remédieraient à rien parce qu'après de telles mesures, la Nation n'étant pas encore en possession des moyens de production, serait aussi impuissante qu'aujourd'hui à réaliser l'organisation d'ensemble du travail qui, seule, créerait l'abondance des produits. Il est même très probable que la situation économique deviendrait plus mauvaise, d'abord à cause de la grève des capitaux, envisagée au commencement de ce chapitre, et même, abstraction faite de cette éventualité, par l'incapacité de l'Etat actuel à gérer des entreprises quelconques. Les règles administratives et comptables en vigueur dans ses services sont trop rigides pour se plier aux nécessités des affaires, qui exigent beaucoup de liberté, de rapidité et de souplesse dans les décisions. Et d'autre part, comme ces règles ont été instituées pour défendre l'intérêt général contre les convoitises particulières, il serait dangereux de les abolir. Seul l'État socialiste, qui n'aura plus à redouter les pilleries des entreprises privées et qui sera organisé pour diriger la production et la répartition, sera capable de remplir convenablement cette fonction.

Dans un autre ordre d'idées, l'expérience de ces derniers temps a appris au prolétariat que les augmentations de salaire et tous les avantages qu'il peut obtenir par son action, dans la société actuelle, ne lui profitent en rien puisqu'ils se traduisent toujours par une élévation du coût de la vie. Quant aux droits de contrôle qu'on pourrait conférer aux consommateurs, ils ne pourraient s'exercer que par de nouveaux fonctionnaires dont l'action serait aussi illusoire que celle des divers contrôleurs de l'Etat, chez qui la fraude trouve trop souvent des complices intéressés.

Ce serait donc perdre son temps et aller au devant des plus redoutables complications que d'envoyer s'enliser dans les marécages d'un réformisme trompeur la force révolutionnaire victorieuse. La logique et la véritable prudence exigent la transformation intégrale du régime économique au lendemain même de la conquête du pouvoir.

On tombe dans une erreur analogue quand on dit qu'un pays qui vient, comme la Russie, de secouer les chaînes du despotisme, a besoin de traverser une période démocratique avant de se donner des institutions socialistes.

Une démocratie n'est fondée que sur le suffrage universel, et s'il est vrai que le peuple russe est trop ignorant, trop habitué au joug de l'absolutisme pour prendre en mains la gestion de ses intérêts économiques, comment serait-il plus apte à se gouverner politiquement ?

On peut même soutenir en toute raison qu'à un peuple mineur, la dictature du prolétariat, exercée par la fraction la plus consciente de la classe ouvrière, convient mieux qu'une démocratie pure. Celle-ci ne deviendrait vraiment avantageuse qu'après l'éducation de la masse attardée. Ainsi le socialisme devrait précéder la démocratie au lieu de la suivre.

D'ailleurs une démocratie à base capitaliste est un odieux mensonge, une décevante fiction. La souveraineté du suffrage universel n'est qu'apparente lorsqu'il est façonné, aveuglé, dirigé par une oligarchie financière, maîtresse de la grande presse et de toutes les forces gouvernementales. Un peuple n'a réalisé qu'un bien mince progrès lorsqu'il s'est donné un tel régime, presque aussi éloigné du socialisme que la pire autocratie. De l'un comme de l'autre, il ne peut s'évader que par la révolution. Contre l'oppression du capital, aussi bien que contre la tyrannie d'un monarque absolutiste, l'insurrection est le plus saint des devoirs.

Une révolution devient possible quand elle s'appuie sur des forces supérieures aux moyens de résistance du pouvoir à renverser. Mais ce ne sont pas seulement les éléments actifs qui font pencher la balance: il faut compter aussi avec les dispositions de la majorité qui reste à l'écart.

Si le gouvernement attaqué a donné de larges satisfactions à cette majorité, la neutralité qu'elle observe lui est favorable et lui fournit un point d'appui des plus précieux. Si, au contraire, ses actes ont créé de très nombreux mécontents, ceux-ci, lorsqu'ils ne vont pas jusqu'à se joindre aux révolutionnaires, font des vœux pour leur succès, ou tout au moins assistent avec indifférence à leur action.

Actuellement, le mécontentement est général dans la classe ouvrière; il existe aussi, pour des motifs particuliers et à un degré moindre, dans les autres classes ; mais le nombre des profiteurs de guerre à tous les degrés : paysans, marchands, gros fournisseurs, est trop grand pour qu'on puisse espérer de ce côté beaucoup de sympathies.

Mais la situation changera du tout au tout, si les

appétits, surexcités par des bénéfices anormaux, ne peuvent pas continuer à s'assouvir, si des impôts écrasants viennent ajouter aux difficultés de la réorganisation économique, et surtout si le spectre menaçant de la banqueroute évoqué bien souvent déjà dans la presse et au Parlement, prend corps et devient une réalité.

Or, non seulement ces événements ne sont pas chimériques, mais ils paraissent inévitables. Quand ils se produiront, une explosion de colère secouera l'égoïsme des satisfaits, et ils applaudiront des deux mains la minorité résolue qui donnera l'assaut à un pouvoir incapable de protéger leurs coffres-forts.

Pour saisir cette occasion favorable, le parti socialiste devra s'y préparer, car si personne ne peut fixer à l'avance l'heure d'un mouvement révolutionnaire, il faut se tenir prêt à l'aiguiller dans la bonne voie, lorsqu'il se produit, afin d'éviter qu'il ne se consume dans l'anarchie.

De grands devoirs s'imposent au Parti socialiste, dans les jours troublés que nous allons vivre. Puisse-t-il être à la hauteur de sa tâche !

Qu'il se pénètre bien de cette vérité essentielle que s'il se montre en état de réorganiser rapidement la vie sociale et de pourvoir à tous les besoins légitimes, il aura tout le monde pour lui, tandis que s'il laisse se perpétuer le désordre, se tarir les sources de la production, se paralyser les organes de répartition et si, en conséquence, au lieu de la prospérité promise, c'est la famine qui vient s'asseoir aux foyers désolés, il sera précipité du pouvoir plus vite qu'il n'y sera monté.

A moins d'une brusque évolution de la situation actuelle, il n'est pas trop tard encore pour se mettre à l'indispensable travail de préparation, mais il n'y a vraiment plus de temps à perdre.

TABLE DES MATIÈRES

Imp. Coopérative Ouvrière, Villeneuve-St-Georges (S.-et-O.)

www.ingramcontent.com/pod-product-compliance
Ingram Content Group UK Ltd.
Pitfield, Milton Keynes, MK11 3LW, UK
UKHW021008200726
13857UKWH00004B/1348